КОМПЛЕТНИОТ КОРЕЈСКО-АМЕРИКАНСКИ ГОТВАЧКА

100 СПОЕНИ ЈАДЕЊА КОИ ИМААТ ВКУС КАКО ДОМА

Десислава Таралингова

ТАБЕЛА НА СОДРЖИНА

ТОПЛ РУЧЕК **137**

ВОВЕД

Сите имаме омилени семејни рецепти. Некои внимателно се пренесуваат низ генерации, додека на други набрзина им се кажува преку телефон откако помлад член од семејството побегнал од гнездото. Честопати може да биде невозможно да го направите садот како што е во вашата меморија; понекогаш промените може да се направат намерно или од потреба, но без разлика како се развива со текот на годините, срцето на јадењето секогаш останува.

Овие корејски американски рецепти го илустрираат начинот на кој две различни култури на храна споени заедно создаваат инвентивна хибридна кујна што има вкус како дома.

ЧОРПИ

1. Корејско-американска супа од урда од грав

Време на подготовка: 15 минути
Време за готвење: 20 минути
Порции: 4 лица

СОСТОЈКИ
- 1 лажица паста од лук
- 3 ½ чаши вода
- ½ лажица гранули даши
- 3 лажици корејско-американска паста од урда од грав
- 1 тиквичка исечкана на коцки
- ¼ фунта свежи печурки, исечени на четвртини
- 1/ лажица корејско-американска паста од лута пиперка
- 1 компир, излупен и исечкан на коцки
- Пакување од 1 – 12 унци меко тофу, исечено
- 1 кромид, исечкан на коцки

ПРАВЦИ
a) Додадете ја водата во голема тава, додадете го лукот, лутата пиперка и пастите од урда.
b) Загрејте додека не зоврие и продолжете да врие 2 минути за да помогнете да се растворат пастите.
c) Следно, додадете ги компирот, кромидот, тиквичките и печурките, измешајте и оставете да зоврие уште 6 минути.
d) На крајот додадете го тофуто, откако ќе се зголеми во големина и зеленчукот ќе омекне, послужете ги во чиниите и уживајте.

2. Корејско-американска супа од морски алги

Време на подготовка: 15 минути
Време за готвење: 30 минути
Порции: 4 лица

СОСТОЈКИ

- 2 лажички масло од сусам
- 1 - 1 унца пакување сушени кафеави алги
- 1 ½ лажица соја сос
- ¼ фунта говедско филе од говедско месо, мелено
- 6 чаши вода
- 1 лажичка сол
- 1 лажичка мелено лук

ПРАВЦИ

a) Ставете ги алгите во сад со вода и покријте ги, оставете ги да киснат додека не станат меки, а потоа исечете ги на парчиња долги 2 инчи.

b) Ставете ја тавата да се загрее, а потоа ставете го маслото, сол по вкус, говедско месо и ½ лажица соја сос, измешајте со мешање 1 минута.

c) Потоа измешајте ги алгите со остатокот од соја сосот, варете уште 1 минута.

d) Сега додадете 2 чаши вода и загрејте додека не почне да врие.

e) Ставете го лукот со остатокот од водата, откако повторно ќе зоврие, намалете ја топлината и варете на тивок 20 минути.

f) Поправете го зачинот и послужете.

3. Супа од ориз од ракчиња

Време на подготовка: 120 минути
Време за готвење: 32 минути
Порции: 3 лица

СОСТОЈКИ

- 1 лажица масло од сусам
- 2 чаши бел ориз
- 1 лажица вино од ориз
- Ракчиња од 9 унци, гранатирани и извалкани
- 12 чаши вода
- Зачини по вкус

ПРАВЦИ

a) Земете го оризот и исплакнете го, ставете го на страна 120 минути.
b) Додадете го маслото во тава и загрејте, еднаш топло капка во ракчиња со оризово вино и варете една минута, а потоа додадете го оризот измешајте и пржете уште 1 минута.
c) Ставете ја водата и загревајте додека не зоврие, откако оризот ќе се прошири на 3 пати поголем, намалете ја топлината.
d) Гответе уште 10 минути.
e) Поправете го зачинот и послужете додека е уште топло.

4. Сушена супа од бакалар

Време на подготовка: 25 минути
Време за готвење: 30 минути
Порции: 2 лица

СОСТОЈКИ

- Меко тофу од 9 унци
- 2 – 3 чаши сушен Полак
- 2 чешниња лук, мелено
- 3 млад кромид
- 3 $\frac{1}{2}$ лажици масло од сусам
- 3 $\frac{1}{2}$ чаша Дашида, супа од корејска супа
- Сол по вкус
- 1 јајце
- 5 чаши вода
- Никнува грав, по желба
- Снегулки од црвена пиперка по желба

ПРАВЦИ

a) Исечете ја рибата на тенки ленти, долги приближно $1\frac{1}{2}$ инчи.

b) Загрејте го маслото во тава и пржете ги рибините ленти 3 минути.

c) Следно, истурете ја водата со корејско-американската супа и лукот, ставете капак и загрејте додека не зоврие, а потоа намалете ја топлината.

d) Исечете го тофуто на парчиња $\frac{1}{2}$ инчи и додадете го во тавата.

e) Ако користите никулци од грав, додадете ги сега.

f) Повторно ставете го капакот и варете 15 минути.

g) Изматете го јајцето, користејќи мал сад.

h) Промешајте во супата, добро измешајте, сега додадете го кромидот исечен на должина од 1 инч.

i) Гответе уште 2 минути и поправете го зачинот.

j) Јадете жешко.

k) По желба посипете со снегулки бибер.

l) Може да се јаде со ориз на пареа.

5. Супа од телешки гради и чкембе

Време на подготовка: 120 минути
Време за готвење: 360 минути
Порции: 10 лица

СОСТОЈКИ
- 1 млад кромид, исечкан за секој сад за сервирање
- 1 пакет коски од волска опашка вклучувајќи месо, корејско-амерички супермаркет
- Зачини по вкус
- 1 $\frac{1}{2}$ галони вода

ПРАВЦИ
a) Додадете го воловиот опав во сад кој содржи вода и оставете го да кисне, отстранувајќи го вишокот крв, менувајте ја водата 2-3 пати.
b) Кога сте подготвени, додадете ги коските во големо тенџере и покријте ги со 1 $\frac{1}{2}$ галони вода.
c) Ставете го шпоретот и варете минимум 6 часа, колку подолго готвите, толку е подобар вкусот и месото.
d) Додека се готви, продолжете да го бришете маслото што се појавува на врвот, одржувајте го нивото на водата околу 1 галон додека готвите.
e) Откако ќе го направите, бојата треба да изгледа кремаста.
f) Поправете го зачинот.
g) Сервирајте во чинии со воловиот опав и одозгора распрскајте го сечканиот кромид.

6. Супа од никне од соја

Време на подготовка: 10 минути
Време за готвење: 30 минути
Порции: 2-3 лица

СОСТОЈКИ
- 1 млад кромид, сецкан
- 2 чаши никулци од соја
- 2 лажици соја сос
- 2 чешниња лук, мелено
- 5 чаши вода
- 1 лажица масло од сусам
- 1 – 2 лажици снегулки црвен пипер, по желба
- 1 лажичка сол

ПРАВЦИ
a) Исчистете го никулецот од соја во вода, потоа исцедете го, извадете ги сите несакани делови.
b) Додадете го маслото во тенџере и кога ќе се загрее пропржете го лукот додавајќи го соја сосот во исто време, варете 3 минути.
c) Истурете ја водата и ставете ги никулците и зачинете, загревајте додека не почне да врие.
d) Сега намалете ја топлината и гответе на тивок 20 минути со затворен капак.
e) Ако сакате да додадете снегулки црвен пипер, ставете ги 5 минути пред крајот на готвењето.
f) Тргнете го огнот и сервирајте во чинии со сечканиот кромид одозгора.

7. <u>Супа од пилешко и женшен</u>

Време на подготовка: 20 минути
Време за готвење: 25 минути
Порции: 4 лица

СОСТОЈКИ

- 2 лажици лук, ситно сецкан
- 1 лажичка семе од сусам
- 2 лажици свеж ѓумбир, ситно сецкан
- 8 чаши пилешка супа
- 1 лажица соја сос
- 1 – 2 лажички паста од црвена чили пиперка
- ½ шолја ориз
- 1 лажичка препечено масло од сусам
- 2 млад кромид, ситно сецкани
- 1 чаша рендано варено пилешко

ПРАВЦИ

a) Пржете ги семките 1 минута, додека не поруменат во суво тавче, а потоа ставете ги на едната страна.
b) Со големо тенџере додадете ги лукот, супата и ѓумбирот и загрејте ги додека не зоврие.
c) Откако ќе зоврие, измешајте ги со чили пастата, сојата и маслото од сусам.
d) Ставете го пилешкото и загрејте додека не стане топло.
e) Ставете ја супата во чиниите за сервирање и завршете со кромидот и семките одозгора.

8. Супа со тестенини од ориз и говедско месо

Време на подготовка: 30 минути
Време за готвење: 75 минути
Порции: 8 лица

СОСТОЈКИ

- $\frac{1}{2}$ цела корејско-американска ротквица
- $\frac{1}{2}$ фунта говедско ребро стек
- $\frac{1}{4}$ фунта кинески тестенини
- 1 фунта говедско месо
- 5 чешниња лук
- 1 млад кромид, голем и сецкан
- Зачини по вкус

ПРАВЦИ

a) Земете го говедското месо и исечете ги на парчиња со големина на устата.

b) Исечете ја ротквицата на два дела.

c) Сега сварете ги заедно користејќи големо тенџере со 30 шолји вода, откако ќе зоврие, намалете ја топлината и вриејте 60 минути.

d) Откако месото ќе омекне, извадете го од супата, заедно со ротквицата, оставете ја супата да се олади, бришејќи ја вишокот маснотии.

e) Кога можете да се справите со ротквицата, исечете ги на $\frac{1}{8}$ дебели парчиња.

f) Повторно ставете го месото со исечената ротквица во чорбата и повторно доведете до вриење, овој пат додавајќи ги тестенините.

g) Ставете го кромидот и поправете ги зачините со сол и бибер.

h) Послужете во чинии за супа и уживајте.

9. Корејско-американска супа од тестенини со нож

Време на подготовка: 15 минути

Време за готвење: 25 минути

Порции: 4 лица

СОСТОЈКИ

½ лажичка мелено лук

4 ½ чаши сушена аншоа и ламинарија или вода

½ лажичка ситна морска сол

1 лажичка соја сос

Вода за готвење на тестенините

1,7 унци морков, исечен на тенки ленти

10 унци калгуксу или рамен тестенини

1,4 унци шитаке печурки, исечени на тенко

3,5 унци тиквички, исечени на тенки парчиња

Ракчиња од 3,5 унци, главата и опашката отстранети, обвиени

4,5 унци свежи или замрзнати школки со мал врат, исчистени

1 млад кромид, сецкан

ПРАВЦИ

1. На шпорет се ставаат две тенџериња, едното со вода за тестенините и се загрева додека не зоврие. Другото користете големо тенџере и додадете го густинот од алги или водата и оставете да зоврие.

2. Гответе ги нудлите 3 минути, процедете ги и исплакнете кога се подготвени и ставете ги на страна.

3. Во главното тенџере додадете ги морковите, печурките и тиквичките, варете 2 минути, а потоа ставете ги школките и ракчињата уште 2 минути.

4. На крај додадете ги тестенините и измешајте.

5. Еднаш топло послужете во чинии.

6. Забелешка. Ако користите вода наместо залиха, додадете дополнително соја сос и зачини за дополнителен вкус.

10. Супа од свински врат

Време на подготовка: 120 минути
Време за готвење: 120 минути
Порции: 4 лица

СОСТОЈКИ

1 мал кромид
3 килограми свински врат
10 зрна црн пипер
1 парче свеж ѓумбир со големина на палец, излупен
3 лажици прав од семе од перила
10 чешниња лук
3 лажици оризово вино
1 лажичка мелен ѓумбир
3 лажици корејско-американски црвен пипер во прав
3 лажици сос од риба
4 мали кремасти компири, излупени
1 китка кинеска зелка или бок чој
5 млад кромид, сецкани
Зачини по вкус
10 листови перила

ПРАВЦИ

1.Свинското месо ставете го во вода и киснете 120 минути, исчистете ја водата по 60 минути.

2. Откако ќе го подготвите, ставете го месото во поголемо тенџере, покријте го со вода и загрејте го додека не зоврие, оставете го да се вари 6 минути.

3. Сега исцедете ја водата и исплакнете го месото со ладна вода.

4. Исчистете го тенџерето, потоа повторно додадете го месото и ставете доволно вода само да го покрие.

5. Капкајте го целиот кромид, 4 чешниња лук, зрна ѓумбир и бибер, загрејте го додека не зоврие, намалете ја топлината на вриење и варете 90 минути.

6. Во меѓувреме измешајте го виното од ориз, прав од семе од перила, црвен пипер, сос од риба, 6 чешниња лук и ѓумбир во прав.

7.Кога сосот ќе се измеша убаво се става на едната страна.

8. Кога е подготвен, извадете го свинското месо од густинот и ставете го на едната страна.

9. Отстранете го ѓумбирот, кромидот бибер и лукот, а сега вратете го свинското месо.

10. Ставете ги компирите со сосот и измешајте, зачинете и варете уште 20 минути.

11. На крај испуштете ги листовите перила и зелката, варете 2-3 минути.

12. Сервирајте во чинии со кромид и црн пипер одозгора.

ГЛАВЕН КУРС

11. Гиранбап со печени алги

Служи 1

СОСТОЈКИ

- 1 чаша варен бел ориз, по можност свеж
- 2 лажички тост масло од сусам
- $\frac{3}{4}$ лажичка соја сос, плус повеќе по вкус
- 2 големи јајца
- 1 (5-грама) пакет гардероба, смачкана со раце
- Каперси, за сервирање
- Свежо мелен црн пипер

Инструкции

a) Додадете го оризот во средна чинија и оставете го на страна.

b) Во средно нелепливо тавче загрејте ги маслото од сусам и соја сосот на силен оган. Пукнатини во јајцата. Намалете ја топлината ако прскањето е премногу, но инаку само варете додека белките не се надополнат, малку крцкаат околу рабовите, а белата површина околу жолчката повеќе не е течна, околу 1 минута (ако вашата тава е доволно жешка; подолго ако не е). Исто така, соја сосот требаше да ги извалка белките и да пукне со меурчиња, претворајќи се во леплива глазура.

c) Лизгајте ги пржените јајца над ориз, туширајте се со гардероба и намачкајте со неколку каперси. Зачинете со бибер. Сè заедно измешајте со лажица пред да пробате. Ова е местото каде што можете да се прилагодите на зачините, додавајќи повеќе соја сос по потреба.

12. Говедско булгоги

Време на подготовка: 10 минути
Време за готвење: 5 минути
Порции: 4 лица

СОСТОЈКИ

- 2 ½ лажици бел шеќер
- 1 фунта бифтек, исечен на тенко
- ¼ чаша кромид, сецкан
- 5 лажици соја сос
- 2 лажици мелено лук
- ½ лажичка мелен црн пипер
- 2 лажици масло од сусам
- 2 лажици сусам

ПРАВЦИ

a) Ставете го месото во ниска чинија.
b) Во сад измешајте ги шеќерот, лукот, соја сосот, сусамот и маслото, со кромидот и црниот пипер.
c) Посипете го говедското месо и покријте го садот, па одморете 60 минути, колку подолго, толку подобро дури и преку ноќ, во фрижидер.
d) Кога ќе го подготвите, загрејте ја скарата или скарата и решетката подмачкајте ја со масло.
e) Откако ќе се загрее, печете го месото на скара 2 минути од двете страни и послужете.

13. Корејско-амерички кратки ребра BBQ

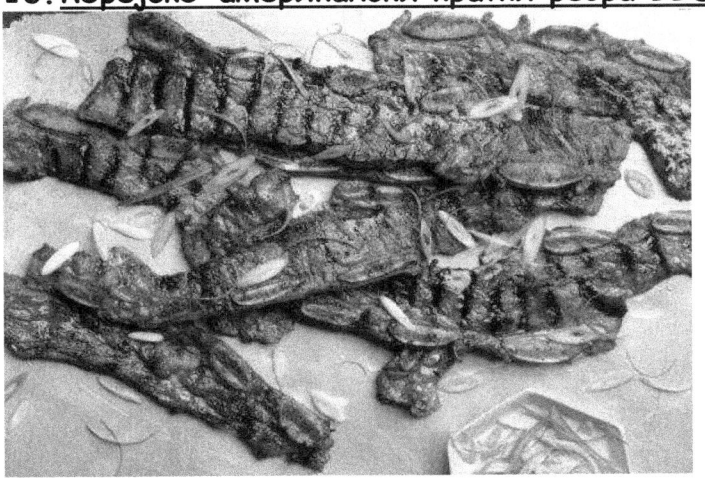

Време на подготовка: 15 минути
Време за готвење: 10 минути
Порции: 5 лица

СОСТОЈКИ

- 3 лажици бел оцет
- $\frac{3}{4}$ чаша соја сос
- $\frac{1}{4}$ чаша темно кафеав шеќер
- $\frac{3}{4}$ чаша вода
- 1 лажица црн пипер
- 2 лажици бел шеќер
- $\frac{1}{4}$ чаша мелено лук
- Кратки ребра во корејско-американски стил од 3 килограми, исечени преку коските
- 2 лажици масло од сусам
- $\frac{1}{2}$ голем кромид, мелено

ПРАВЦИ

a) Измешајте ги оцетот, соја сосот и водата во чаша или нерѓосувачки сад.

b) Сега изматете ги двата шеќера, маслото, кромидот, биберот и лукот, матете додека не се стопат шеќерите.

c) Ставете ги ребрата во сосот и покријте ги со фолија, ставете во фрижидер минимум 7 часа.

d) Загрејте ја градинарската скара кога сте подготвени да готвите.

e) Извадете ги ребрата од маринадата и печете ги на скара 6 минути од двете страни, потопете ги кога ќе го подготвите.

14. Корејско-американско пилешко

Време на подготовка: 45 минути
Време за готвење: 20 минути
Порции: 4 лица

СОСТОЈКИ

- 2 лажици сусам
- 1 – 3 килограми цело пилешко
- $\frac{1}{8}$ лажичка сол
- $\frac{1}{4}$ чаша соја сос
- 1 млад кромид, мелено
- $\frac{1}{8}$ лажичка мелен црн пипер
- 1 чешне лук
- 1 лажица бел шеќер
- 1 лажичка путер од кикирики
- 1 лажичка мононатриум глутамат

ПРАВЦИ

a) Со остар нож извадете го пилешкото од коските.

b) Исечете го месото на парчиња дебели $\frac{1}{8}$ инчи, квадрат од 2 инчи, ставете го месото во сад со соја сос.

c) Сусамот се пропржува на суво тавче, се става во дрвен сад кога ќе почне да пука и се посолува.

d) Следно, здробете ги семките со задниот дел од лажицата.

e) Откако ќе стане фино додадете го лукот, биберот, шеќерот, кромидот, мононатриумот и маслото добро измешајте ги.

f) Измешајте го пилешкото со соја сос и оставете да се маринира 30 минути.

g) Користете го истото тавче како порано и пржете на ниска температура покриено.

h) Кога ќе стане омекнат, тој е готов, можеби ќе ви треба малку вода за да ја задржите влажна за време на готвењето.

15. Корејско-амерички стек

Време на подготовка: 20 минути
Време за готвење: 10 минути
Порции: 6 лица

СОСТОЈКИ

- 5 лажици бел шеќер
- 2 килограми скоч филе, исечено на тенко
- 2 ½ лажици семе од сусам
- ½ чаша соја сос
- 2 чешниња лук, мелени
- 2 лажици масло од сусам
- 5 лажици мирин, јапонско слатко вино
- 3 гранчиња исечени на тенко

ПРАВЦИ

a) Измешајте ги сусамот и маслото, лукот, соја сосот, шелот, шеќерот и миринот.

b) Ставете го месото во сосот и измешајте го во месото, покријте го и ставете го во фрижидер 12 часа.

c) Кога е подготвено, загрејте ја тавата на средна топлина и пржете го месото 6-8 минути или додека не се свари.

d) Јадете со пржен ориз или салата.

16. Поглавје Чи Тестенини

Време на подготовка: 35 минути
Време за готвење: 20 минути
Порции: 4 лица

СОСТОЈКИ

- 2 млад кромид, ситно сецкани
- 1 лажица соја сос
- 1 лажичка семе од сусам
- 1 лажица масло од сусам
- 1 чешне лук, мелено
- $\frac{1}{4}$ лажичка црн пипер
- 2 лажици растително масло
- 1 лажичка шеќер
- $\frac{1}{2}$ чаша тенко исечени моркови
- 5 килограм говедско месо од говедско филе, исечено на тенко
- $\frac{1}{4}$ фунта Напа зелка, исечена
- Тестенини од целофан од 3 унци, натопени во топла вода
- $\frac{1}{2}$ чаша исечени бамбус пука
- 2 чаши свеж спанаќ, сецкан
- 1 лажица шеќер
- $\frac{1}{4}$ лажичка црн пипер
- 2 лажици соја сос
- $\frac{1}{2}$ лажичка сол

ПРАВЦИ

a) Користејќи голем сад, измешајте ги маслото од сусам и семките, млад кромид 1 лажица соја сос, лажичка шеќер, лук и $\frac{1}{4}$ лажичка бибер.

b) Измешајте го говедското месо и оставете 15 минути во собата.

c) Ставете голема тава или вок ако имате да се загреете со малку масло.

d) Говедското месо пропржете го додека не порумени, а потоа додадете ја зелката, морковот, бамбусот и спанаќот, добро измешајте.

e) Потоа измешајте ги тестенините, 1 лажица шеќер, бибер, сол и 2 лажици соја.

f) Добро измешајте и намалете ја топлината, варете додека не се загрее.

17. Корејско-американско зачинето маринирано свинско месо

Време на подготовка: 45 минути
Време за готвење: 15 минути
Порции: 8 лица

СОСТОЈКИ

- ½ чаша корејско-американска паста од лута пиперка
- ¼ чаша ориз вински оцет
- 3 лажици мелено лук
- 2 лажици соја сос
- 2 лажици снегулки црвен пипер
- 3 лажици бел шеќер
- ½ лажичка црн пипер
- 3 лажици мелен свеж ѓумбир
- 3 млад кромид, исечени на 2 инчи должини
- 1 - 2 килограми парче свинско филе, исечено на парчиња дебели ¼ инчи
- ½ жолт кромид, исечен на прстени со дебелина од ¼ инчи
- ¼ чаша масло од канола

ПРАВЦИ

a) Измешајте ги сојата, лукот, снегулките црвен пипер, шеќерот, кромидот, оцетот, пастата од бибер, ѓумбирот, жолтиот кромид и црниот пипер.

b) Откако добро ќе се измеша додадете го исечканото свинско месо и премачкајте го со сосот убаво премачкајќи го свинското месо.

c) Ставете го во кеса Ziploc и оставете го во фрижидер 3 часа.

d) Кога ќе се готви, додадете го маслото во тава и пржете во серии на средна топлина.

e) Кога ќе стане златно и не е повеќе розе во средината, ставете го на чиниите.

f) Послужете со ориз и салата.

18. Корејско-амерички мариниран крилен стек

Време на подготовка: 15 минути
Време за готвење: 15 минути
Порции: 6 лица

СОСТОЈКИ

- 1 кромид, грубо исечкан
- 4 чешниња лук
- 2 ½ чаши соја сос со малку натриум
- 1 лажичка мелен свеж ѓумбир
- ¼ шолја препечено масло од сусам
- 2 лажици незачинет омекнувач за месо
- 2 килограми бифтек од говедско крило, исечен
- 3 лажици Вустершир сос
- 1 шолја бел шеќер

ПРАВЦИ

a) Ставете ги ѓумбирот, лукот и кромидот во блендер, сега додајте го маслото од сусам, шеќерот, соја сосот, нежните и Вустершир, пулсирајте додека не се изедначи.
b) Кога е подготвен, додајте го сосот во вреќата или садот Ziploc ако немате.
c) Изматете го месото со нож и ставете го во маринадата, оставете го во фрижидер преку ноќ.
d) Загрејте ја надворешната скара и варете го стекот 5-6 минути од двете страни или подолго ако сакате.
e) Послужете.

19. Слатки јагнешки рифови на скара со зачин

Време на подготовка: 15 минути

Време за готвење: 10 минути

Порции: 4 лица

СОСТОЈКИ

- 1 лажица корејско-американска паста од соја
- 2 течни унци
- 2 лажици мирин
- 1 ¼ унца корејско-американска паста од чили
- 1 лажица соја сос
- 1 лажица мед
- 1 лажица масло од сусам
- 16 француски исечени јагнешки рифови
- 1 ½ лажичка корејско-американски чили снегулки
- Семе од сусам за сервирање
- Масло за готвење

ПРАВЦИ

a) Користејќи сад, измешајте ја пастата од грав, сакето, соја сосот, медот, пастата од чили, миринот, маслото од сусам и чили снегулките додека не се изедначи.

b) Ставете го јагнешкото месо и намачкајте го со сосот насекаде.

c) Над садот се става фолија и се става во фрижидер минимум 4 часа.

d) Кога сте подготвени за готвење, запалете ја скарата со јаглен и подмачкајте ги решетките.

e) Покријте ги јагнешките коски во фолија за да престанете да горат.

f) Гответе околу 6-8 минути, вртете ги на половина пат од готвењето.

g) Ставете ги на чиниите за сервирање и завршете со бришење прашина од сусам.

20. Корејско-амерички печени пилешки бутови

Време на подготовка: 10 минути
Време за готвење: 60 минути
Порции: 8 лица

СОСТОЈКИ
- ½ шолја мелено лукче
- 8 пилешки бедра, со кожа
- 3 лажици масло од сусам
- ½ чаша соја сос
- 2 лажички мелено лук
- ¼ лажичка црн пипер
- 3 лажици мед
- ¼ лажичка мелен ѓумбир

ПРАВЦИ
a) Загрејте го шпоретот на 375F.
b) Додадете го пилешкото со кора надолу во сад за печење.
c) Во еден сад измешајте ги останатите состојки.
d) Истурете го сосот врз пилешкото и ставете го во рерната.
e) Печете во рерна без капак 45 минути.
f) Сега превртете го пилешкото и варете уште 15 минути.
g) Послужете откако ќе се свари.

21.Зачинета корејско-американска кокошка и компир

Време на подготовка: 15 минути
Време за готвење: минути
Порции: 4 лица

СОСТОЈКИ
- 2 моркови, исечени на парчиња од 2 инчи или користете цели 10 бебешки моркови
- 2 ½ фунта пилешки батаци или парчиња пилешко
- 1 поголем кромид, исечен на 8
- 2 големи компири, исечени на големи коцки
- 1 зелена пиперка исечкана на коцки
- ½ чаша вода
- 2 лажици бел шеќер
- 4 чешниња лук, сецкани
- ½ чаша соја сос
- 1 лажичка свеж ѓумбир
- 3 лажици корејско-американска паста од црвена пиперка или друг лут сос

ПРАВЦИ
a) Додадете ги пилешкото, кромидот, компирот, ѓумбирот, морковот, лукот и шеќерот во тенџере и загрејте, измешајте.
b) Додадете го соја сосот со водата, а потоа измешајте ја пастата од бибер.
c) Загрејте додека не почне да врие, сега намалете ја топлината и варете на тивок 45 минути.
d) Соблечете кога сокот од пилешко е бистар.
e) Сосот ќе се згусне кога ќе почне да се лади.

ТЕСТАНИЦИ

22. Салата со тестенини од маг

Време на подготовка: 15 минути
Време за готвење: 5 минути
Порции: 4 лица

СОСТОЈКИ

1 морков, избричен тенок

½ чаша мунг во прав

1 либанска краставица, избричена тенка

1 лажица масло од сусам

1 долго црвено чили, тенко исечено

2 шолји мизуна или кадрава ендива

За облекувањето

1 лажичка семе од сусам, тост

2 лажици соја сос

2 лажички лесен пченкарен сируп или мед

1 лажичка масло од сусам

1 лажица кафеав ориз или бел оцет

2 лажички шеќерен шеќер

1 лажичка корејско-американско чили во прав

1 лук тенко парче

ПРАВЦИ

1. Додадете го гравот во прав во 2 ¾ чаши вода, добро измешајте и оставете 60 минути на страна.

2. Кога сте готови, додадете ја смесата во тава и загрејте ја додека не почне да врие, матејќи цело време за да не изгори.

3. Кога ќе зоврие, намалете ја топлината и варете 2 минути.

4. Штом ќе стане густо промешајте го маслото од сусам и 1 лажичка сол.

5. Тргнете ја топлината и истурете ја смесата во подмачкан калап за колачи, околу 8 инчи.

6. Ставете го во фрижидер додека не се стегне, околу 60 минути.

7. Откако ќе се стегнат, исечете ги на долги тенки ленти, така што тестенините се ставаат на едната страна кога се подготвени.

8. Следно, ставете ги сите состојки за преливот во сад и добро измешајте.

9. Додадете ги мизуната, краставицата, тестенините од грав, чилито и морковот, нежно измешајте.

10. Послужете.

23. Вермикели од сладок компир и говедско промешајте

Време на подготовка: 15 минути
Време за готвење: 10 минути
Порции: 4 лица

СОСТОЈКИ

- 2 лажици масло од сусам
- ½ килограм говедско филе за очи, исечено на тенко
- 2 чешниња лук, ситно сецкани
- ⅛ шолја соја сос
- 1 лажица шеќерен шеќер
- 1 ½ шолја мешани азиски печурки
- 5 сушени шитаке печурки
- 2 лажици растително масло
- 1 морков, изренден
- 2 главици кромид, исечени на тенки парчиња
- 1 лажица тост сусам
- ¼ фунта фиде од сладок компир или фиде од мунг грав, варен и исцеден
- 3 шолји бебе спанаќ, само листови

ПРАВЦИ

a) Додадете го говедското месо во сад со соја сос, шеќер, 2 лажички масло од сусам и лук, ставете фолија одозгора и ставете во фрижидер 30 минути.

b) Додека чекате, потопете ги сувите печурки 30 минути во врела вода, откако ќе бидат готови исцедете ги и исечете ги.

c) Следно, ставете 1 лажица растително масло во тава или вок со високи страни.

d) Откако ќе се загрее, ставете ги мешаните печурки, 1 лажичка масло од сусам и шитаке печурките, пржете 3 минути мешајќи, па зачинете.

e) Сега исцедете го говедското месо и чувајте ја маринадата на страна.

f) Загрејте ја тавата или вокот со 1 лажичка масло од сусам и остатокот од растително масло.

g) Пржете го кромидот 3-5 минути додека не порумени, а потоа ставете ги морковите додека не омекнат.

h) Ставете го говедското месо, варете уште 2-3 минути.

i) Сега додадете ги тестенините, сите печурки, спанаќот и остатокот од маслото од сусам.

j) Истурете ја маринадата и варете уште 2 минути.

k) Откако сè е топло, направете го садот и завршете со семките одозгора.

24. Зачинети ладни тестенини

Време на подготовка: 15 минути
Време за готвење: 10 минути
Порции: 4 лица

СОСТОЈКИ

- 2 чешниња лук, мелени
- 3 лажици корејско-американски гочујанг, топла зачинета паста
- 1 парче свеж ѓумбир со големина на палец, излупен и изрендан
- $\frac{1}{4}$ чаша ориз вински оцет
- 1 лажичка масло од сусам
- 4 ротквици, тенко исечени
- 2 лажици соја сос
- 4 јајца, меко пржени
- 1 $\frac{1}{2}$ шолја тестенини од леќата, варени, исцедени и освежени
- 1 телеграфска краставица, исечена на големи парчиња
- 2 лажички, по 1 од секој црн и бел сусам
- 1 шолја кимчи

ПРАВЦИ

1. Додадете го лутиот сос, лукот, соја сосот, ѓумбирот, винскиот оцет и маслото од сусам во сад и измешајте ги заедно.
2. Ставете ги тестенините и добро измешајте, внимавајќи да бидат премачкани со сосот.
3. Ставете ги во чиниите за сервирање, а сега додадете на секоја ротквица, кимчи, јајце и краставица.
4. Завршете со бришење прашина од семките.

25. Тестенини со сос од црн грав

Време на подготовка: 30 минути
Време за готвење: 25 минути
Порции: 3 лица

СОСТОЈКИ

- 1 чаша тиквички, исечени на коцки од половина инчи
- ½ фунта свински стомак, исечен на коцки од ½ инчи
- 1 чаша компир, излупен и исечен на коцки од половина инчи
- 1 чаша корејско-американска ротквица или даикон, исечкана на коцки од половина инчи
- 1 ½ шолја кромид, грубо сецкан
- 2 лажици компир скроб во прав измешани со ½ чаша вода
- 3 лажици растително масло
- 1 лажичка масло од сусам
- 1 плус ¼ чаша паста од црн грав
- ½ чаша краставица, тенко исечена, како стапчиња од кибрит
- Вода
- Тестенини или ориз за сервирање

ПРАВЦИ

a) Додадете 1 лажица растително масло во длабока тава или вок и загрејте.

b) Откако ќе се загрее, пропржете го свинското месо додека не стане златно и крцкаво, околу 5 минути, промешајте додека се пржи.

c) Откако ќе завршите, земете го вишокот свинско маснотии, сега ставете ја ротквицата и варете уште 1 минута.

d) Следна капка во кромидот, компирот и тиквичките измешајте и пржете уште 3 минути.

e) Сега, турнете ги сите состојки до работ на вокот и ставете во средината, 2 лажици растително масло, додадете $\frac{1}{4}$ шолја паста од црн грав, измешајте и измешајте сè од рабовите.

f) Истурете 2 чаши вода, покријте го вокот и варете 10 минути.

g) Проверете дали зеленчукот е сварен, ако е така додадете ја водата со скроб и мешајте додека не стане густа.

h) На крај ставете го сусамот и земете го од топлината.

i) Послужете со оризот или тестенините.

26. Корејско-американски сад за пилешки тестенини

Време на подготовка: 30 минути
Време за готвење: 10 минути
Порции: 4 лица

СОСТОЈКИ

1 – 1 инч парче свеж ѓумбир, рендан

¼ чаша тамари, темен соја сос

1 фунта шпагети од целата пченица

Зачини по вкус

2 големи чешниња лук, изрендани

2 лажици доматна паста

1 лажица масло од сусам

3 лажици мед или сируп од агава

2 лажици ориз вински оцет

2 лажици доматна паста

2 лажици растително масло

¼ мала зелка, ситно исечкана

1 китка млад кромид, исечен под агол

1 лажичка лут сос

Потпечен сусам за доработка

1 фунта пилешки бедра или гради, коски и без кожа, исечени на ленти

½ црвена пиперка, исечена на коцки или исечени

ПРАВЦИ

1. Загрејте тенџере со зовриена солена вода и варете ги тестенините, држејќи ги малку крцкави, а не влажни.

2. Во меѓувреме додадете ги во блендер ѓумбирот, лукот, малку зовриена вода, солта, оцетот, медот, маслото од сусам, тамарите, лутиот сос и доматната паста, пулсирајте додека не се изедначи.

3. Додадете го растителното масло во вок или тавче и загрејте.

4. Откако ќе се загреат, пржете ги пилешките ленти додека не станат златни околу 3 минути, а сега додадете ја пиперката и зелката уште 2 минути.

5. Следната капка во сосот и кромидот се варат уште 1 минута.

6. Над нудлите ставете го пилешкото и одозгора завршете со семките.

7. Послужете со екстра лут сос по желба.

8. Овој рецепт може да се користи со свинско месо доколку е потребно.

27. Зачинети тестенини со јајца и краставици

Време на подготовка: 10 минути
Време за готвење: 5 минути
Порции: 4 лица

СОСТОЈКИ
1 лажица корејско-американско чили во прав
1 ½ шолја кимчи, сецкани
1 ½ шолја кафеав ориз оцет
2 лажици чили паста
2 лажици шеќерен шеќер
1 лажица масло од сусам
¼ фунта миеон тестенини
1 лажица соја сос
½ чаша тенко исечена зелка или зелена салата
1 краставица, исечкајте ги тенките, отстранете ја кожата
2 тврдо варени јајца, преполовени

ПРАВЦИ
1.Со сад измешајте ги чили пастата, соја сосот, кимчи, оризовиот оцет, маслото од сусам чили во прав и шеќерот и ставете ги на страна.
2. Ставете ги тестенините во врела вода и варете ги 3-4 минути, откако ќе се освежат под млаз ладна вода и исцедете ги.
3. Ставете ги ладните или ладните тестенини во садот со сосот и измешајте ги заедно.
4. Ставете ги нудлите во чиниите за сервирање и одозгора со исечкана краставица, 1 лист сусам, зелка или зелена салата и завршете со половина јајце.

28. Корејско-амерички ладни тестенини

Време на подготовка: 15 минути
Време за готвење: 10 минути
Порции: 2 лица

СОСТОЈКИ

- 2 чаши говедска супа
- ¼ функта тестенини од лекáта, naengyun not soba или memil gooksu
- 1 лажица кафеав ориз шекéр
- 2 чаши пилешка супа, несолена
- 1 лажица кафеав ориз оцет
- 1 мала азиска круша, исечкајте ја на многу тенки парчиња
- 2 лажици бел шекéр
- ½ корејско-американска краставица, исчистена од семе и исечена на тенки ленти
- 1 тврдо варено јајце
- Коцки мраз за сервирање
- ¼ чаша кисела ротквица
- Тенко исечени варени гради или говедско стебло

ПРАВЦИ

a) Измешајте ги чорбите од говедско и пилешко месо, а потоа измешајте го оцетот и поправете го зачинот.
b) Смесата се става во фрижидер да отстои 30 минути.
c) Во меѓувреме варете ги тестенините според упатствата на пакувањето, во зовриена вода.
d) Откако ќе завршите освежете го под млаз ладна вода и исцедете го.
e) Ставете ги тестенините во чиниите за сервирање.
f) Сега слободно прелијте ја супата и ставете коцки мраз за да ги покриете тестенините.

29. Зачинета корејско-американска салата од полжави

Време на подготовка: 20 минути
Време за готвење: 10 минути
Порции: 3-4 лица

СОСТОЈКИ

- $\frac{1}{2}$ кромид, ситно исечен
- 1 голема или 2 мали лименки golbanygi, морски полжави
- $\frac{1}{2}$ морков исечен на кибритчиња
- $\frac{1}{4}$ зелка, исечена на тенко
- 1 мала краставица, исечена тенко под агол
- 2 лажици корејско-американски чили снегулки
- 1 чешне лук, ситно мелено
- 2 лажици ориз вински оцет
- 2 лажици корејско-американска паста од чили
- 1 лажица корејско-американски екстракт од слива
- 1 млад кромид, сецкан
- 1 лажица шеќер
- 1 лажица тост сусам
- Корејско-американски тенки тестенини од пченица или фиде

ПРАВЦИ

a) Исцедете ги морските полжави, но чувајте 1 лажица од сокот, ако парчињата се големи исечени на половина.

b) Користете голем сад и додадете ги морковите, зелката, краставицата, полжавите и кромидот, ставете ги на едната страна.

c) Потоа земете помал сад и измешајте ја пастата од чили, шеќерот, лукот, чили снегулките, екстрактот од слива, оцетот, сокот од полжав и сусамот за сосот.

d) Со лажица прелијте го зеленчукот и убаво измешајте, ставете го во фрижидер додека ги готвите тестенините.

5. Додадете ги тестенините во врела вода и варете ги според упатствата на пакувањето.

6. Кога е подготвен, освежете го под млаз вода и исцедете го.

7.Кога сте подготвени за сервирање измешајте ги двете заедно и уживајте.

30. Зачинети тестенини соба

Време на подготовка: минути
Време за готвење: минути
Порции: 8-10 лица

СОСТОЈКИ

- ½ корејско-американска ротквица или даикон, исечени на ленти од 2 инчи, широки ½ инчи
- 1 пакување корејско-американски тестенини со соба
- 1 лажица сол
- 1 азиска краставица, преполовена, отсечена и исечкана под агол
- 2 лажици оцет
- 4 варени јајца преполовени
- 2 лажици шеќер

ЗА СОСОТ

- ¼ чаша соја сос
- ½ среден кромид, излупен и исечен на коцки
- ½ чаша вода
- 1 чешне лук
- ½ јаболко, излупено и исечено на коцки
- 3 лажици вода или сок од ананас
- 3 парчиња ананас еднаков на јаболкото
- ⅛ шолја кафеав шеќер
- 1 чаша корејско-американски чили снегулки
- 3 лажици мед
- ¼ чаша бел шеќер
- ½ лажичка ѓумбир во прав
- 1 лажица тост сусам
- 1 лажичка сол
- 2 лажици масло од сусам
- 1 лажичка корејско-американски сенф или Дижон

ПРАВЦИ

a) Подготвувајќи го сосот измешајте ги во тава соја сосот со ½ чаша вода и варете.

b) Откако ќе зоврие тргнете го огнот и оставете на едната страна.

c) Додадете го кромидот, лукот, јаболкото, ананасот и 3 лажици вода или сок во блендер, пулсирајте додека не се добие пире.

d) Измешајте ја смесата од пирето во соја сосот и додадете го остатокот од сосот Состојки.

e) Истурете ја смесата во контејнер што е непропустлив и ставете го во фрижидер 24 часа.

f) Во сад се ставаат шеќерот, ротквицата, солта и оцетот и се оставаат 15-20 минути, откако ќе се исцеди вишокот течност од смесата.

g) Ставете ја јуфката во врела вода и варете ја според упатствата, откако ќе ја освежите под ладна вода.

h) При сервирање додадете ја нудлата во послужавниците, прелијте 3 лажици сос и завршете со ротквица и краставица одозгора.

i) Ако тестенините се долги, може да се исечат со ножици.

31. Корејско-амерички тестенини со зеленчук

Време на подготовка: 15 минути
Време за готвење: 20 минути
Порции: 4 лица

СОСТОЈКИ

3 лажици азиско масло од сусам

Тестенини со конец од тенки грав од 6 унци

3 лажици шеќер

$\frac{1}{2}$ чаша тамари

1 лажица масло од шафран

1 лажица сецкан лук

3 средни моркови, исечени на кибритчиња $\frac{1}{8}$ дебели

3 чаши бебе спанаќ

1 средна главица кромид, исечкана на $\frac{1}{8}$ кришки

$\frac{1}{4}$ фунта печурки, исечени на $\frac{1}{8}$ парчиња

ПРАВЦИ

1. Ставете ги тестенините во вода и потопете ги 10 минути да омекнат, а потоа исцедете ги.

2. Додадете ги тестенините во зовриена вода 2 минути, откако ќе станат меки, исцедете ги и освежете ги под ладна вода.

3. Во блендер ставете ги шеќерот, маслото од сусам и лукот и пулсирајте додека не се изедначи.

4. Потоа додадете го маслото во тава од 12 инчи, штом ќе почне да пуши, додадете ги морковите со кромидот и пржете 3 минути.

5. Сега додадете ги печурките уште 3 минути, измешајте го спанаќот 30 секунди, а потоа тестенините.

6. Посипете ја смесата за тамари и измешајте.

7. Намалете ја топлината и варете на тивко 4 минути.

8. Послужете топло или ладно.

УЛИЧНА ХРАНА И СНЕК

32. Hotteok со зеленчук и тестенини

Време на подготовка: 30 минути

Време за готвење: 5 минути

Порции: 10 лица

СОСТОЈКИ

ЗА ТЕСТО

- 2 лажички сув квасец
- 1 чаша топла вода
- $\frac{1}{2}$ лажичка сол
- 2 чаши универзално брашно
- 2 лажици шеќер
- 1 лажица растително масло

ЗА ПОЛНЕТО

- 1 лажица шеќер
- Тестенини од сладок компир скроб од 3 унци
- $\frac{1}{4}$ лажичка мелен црн пипер
- 2 лажици соја сос
- 3 унци азиски млад кромид, исечен на ситно
- 1 средна главица кромид, исечкана на ситно
- 1 лажичка масло од сусам
- 3 унци морков, исечен на мали коцки
- Масло за готвење

ПРАВЦИ

a) За да го направите тестото, измешајте ги шеќерот, квасецот и топлата вода во сад, измешајте додека не се стопи квасецот, сега измешајте 1 лажица растително масло и сол, добро измешајте.

b) Промешајте го брашното и измешајте во тесто, откако ќе се изедначи оставете да отстои 1 $\frac{1}{4}$ час за да нарасне, испуштете го воздухот додека се крева, покријте го и ставете го на едната страна.

c) Во меѓувреме сварете тенџере со вода и сварете ги тестенините, промешајте од време на време, варете 6 минути со капак.

d) Освежете ги под ладна вода кога ќе станат меки, па исцедете ги.

e) Исечете ги на парчиња $\frac{1}{4}$ инчи, користејќи ножици.

f) Додадете 1 лажица масло во голема тава или вок и пржете ги тестенините 1 минута, сега додадете шеќер, соја сос и црн пипер, додека мешате.

g) Додадете ги власецот, морковот и кромидот и добро измешајте.

h) Тргнете го огнот кога ќе завршите.

i) Следно, ставете 1 лажица масло во друга тава и загрејте, откако ќе се загрее, намалете ја топлината на средно.

j) Намачкајте ја раката со масло, земете $\frac{1}{2}$ чаша од тестото и притиснете го во рамна тркалезна форма.

k) Сега додадете малку фил и свиткајте ги рабовите во топка, запечатувајќи ги рабовите.

l) Ставете го во тавата со затворениот крај надолу, варете 30 секунди, потоа превртете го и компресирајте го за да стане круг околу 4 инчи, направете го тоа со шпатула.

m) Гответе уште 2-3 минути додека не стане крцкаво и златно насекаде.

n) Се ставаат на кујнска хартија да се отстрани вишокот маснотии и се повторува со остатокот од тестото.

o) Послужете го топло.

33. Леб од јајца

Време на подготовка: 10 минути
Време за готвење: 15 минути
Порции: 3 лица

СОСТОЈКИ

- 3 лажици шеќер
- 1 лажичка прашок за пециво
- 1 лажица несолен путер, стопен
- ½ шолја универзално брашно
- Нотка сол
- ½ лажичка екстракт од ванила
- 4 јајца
- 1 стапче моцарела, исечено на 6 парчиња
- ½ шолја млеко
- 1 лажичка масло за јадење

ПРАВЦИ

a) Измешајте ги солта, брашното, шеќерот, путерот, ванилата, 1 јајце, прашокот за пециво и млекото, матете додека не се изедначи.

b) Загрејте го шпоретот на 400F и подмачкајте 3 мали калапи за леб со масло, калапите треба да бидат околу 4×2×1 ½ инчи.

c) Истурете го тестото во калапи поеднакво, полнејќи ги на ½ начин.

d) Ставете 2 парчиња сирење во смесата околу надворешната страна оставајќи ја средината чиста.

e) Следно, скршете 1 јајце во центарот на секој плех.

f) Печете во рерна, користејќи ја средната решетка 13-15 минути, во зависност од тоа како ви се допаѓа варено јајцето.

g) Земете кога е подготвено и послужете го топло.

34. Топла и зачинета оризова торта

Време на подготовка: 10 минути
Време за готвење: 30 минути
Порции: 4-6 лица

СОСТОЈКИ

- 4 чаши вода
- Сушени ламинарии 6×8 инчи
- 1 фунта оризова торта во облик на цилиндар
- 7 големи аншоа, исчистени
- ⅛шолја корејско-американска паста од лута пиперка
- 3 млад кромид, исечени на 3 инчи должини
- 1 лажица шеќер
- ½ фунта рибни колачи
- 1 лажица снегулки лута пиперка
- 2 тврдо варени јајца

ПРАВЦИ

a) Ставете ги ламинариите и аншоата во плитка тава со вода и загрејте, да се варат 15 минути без капак.

b) Користејќи мал сад, измешајте ги снегулките бибер и ставете ги со шеќерот.

c) Извадете ги ламинариите и аншоата од тавата и ставете ги тортата од ориз, миксот од пиперки, кромидот, јајцата и рибните колачи.

d) Залихите треба да бидат околу 2 ½ чаши.

e) Кога ќе почне да врие, нежно измешајте и оставете да се згусне 14 минути, сега треба да изгледа сјајно.

f) Додадете уште малку вода ако колачот од ориз не е мек и варете уште малку.

g) Откако ќе се подготви, исклучете го огнот и послужете.

35. Корејско-амерички палачинки од морска храна

Време на подготовка: 15 минути
Време за готвење: 10 минути
Порции: 4-6 лица

СОСТОЈКИ
ЗА ПАЛАЧИНИТЕ

- 2 средни јајца
- 2 чаши мешавина за палачинки, корејско-американски
- $\frac{1}{2}$ лажичка сол
- 1 $\frac{1}{2}$ шолја вода
- 2 унци школки
- 12 средни корени од млад кромид, исечени
- 2 унци лигњи
- $\frac{3}{4}$ чаша растително масло
- Ракчиња од 2 унци, исчистени и обоени
- 4 средни чили пиперки, исечени под агол

ЗА СОСОТ

- 1 лажица оцет
- 1 лажица соја сос
- 4 средни чили пиперки, исечени под агол
- $\frac{1}{4}$ лажичка лук
- 1 лажица вода

ПРАВЦИ

a) Додадете малку сол во сад со вода и измијте ги и исцедете ги морските плодови, ставете ги на страна.

b) Следно, измешајте со посебен сад, водата, црвените и зелените чили, соја сосот, лукот и оцетот, ставете ги на едната страна.

c) Со друг сад изматете ги јајцата, мешавината од палачинки, ладната вода и солта додека не се изедначи кремаста.

d) Ставете на тавче малку подмачкајте и загрејте.

e) Користете ½ чаша мерка и истурете ја смесата во топла тава.

f) Завртете наоколу за да ја израмните смесата, сега ставете 6 парчиња кромид одозгора, додадете чили и морските плодови.

g) Малку притиснете ја храната во палачинката, а потоа додадете уште ½ чаша од смесата одозгора.

h) Гответе додека основата не порумени, околу 5 минути.

i) Сега нежно превртете ја палачинката, додавајќи малку масло околу работ и варете уште 5 минути.

j) Откако ќе завршите, превртете го назад и извадете го од тавата.

k) Направете го истото со преостанатото тесто.

36. Вегански Булголги сендвич

Време на подготовка: 20 минути
Време за готвење: 5-8 минути
Порции: 4 лица

СОСТОЈКИ

- ½ среден кромид, исечен
- 4 мали лепчиња за хамбургер
- 4 листови црвена зелена салата
- 2 чаши кадрици од соја
- 4 парчиња веганско сирење
- Органски мајонез

ЗА МАРИНАДАТА

- 1 лажица масло од сусам
- 2 лажици соја сос
- 1 лажичка семе од сусам
- 2 лажици агава или шеќер
- ½ лажичка мелен црн пипер
- 2 млад кромид, сецкани
- ½ азиска круша, исечена на коцки, по желба
- ½ лажица бело вино
- 1-2 зелени корејско-американски чили пиперки, исечени на коцки
- 2 чешниња лук, мелени

ПРАВЦИ

a) Направете ги локните од соја според упатствата на пакувањето.

b) Следно, маринадата заедно во голем сад и измешајте за да го формирате ставете ги сите состојки за сосот.

c) Отстранете ја водата од локните од соја со нежно стискање.

d) Додадете локни со исечканиот кромид во смесата за маринада и премачкајте ги насекаде.

e) Додадете 1 лажица масло во врелата тава, потоа додадете ја целата смеса и пржете 5 минути, додека кромидот и локните не станат златни и сосот не се згусне.

f) Во меѓувреме, на лебот напечете ги лепчињата со хамбургер со сирењето.

g) Намачкајте го мајонезот, а потоа изматете и завршете со лист зелена салата одозгора.

37. Корејско-американска торта со сланина и јајца

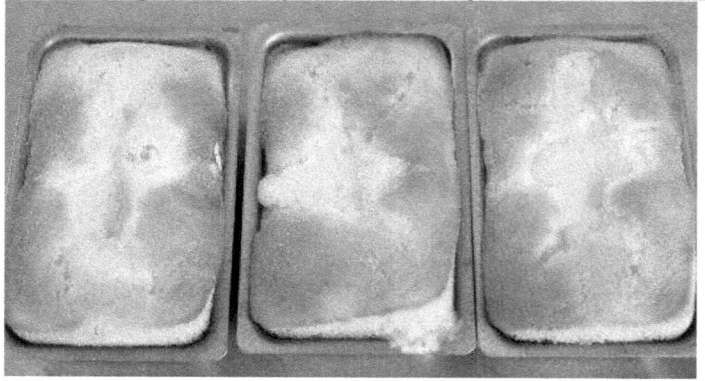

Време на подготовка: 25 минути
Време за готвење: 15 минути
Порции: 6 лица

СОСТОЈКИ
За лебот
½ шолја млеко
¾ шолја брашно што се крева самостојно или повеќе брашно со ¼ лажичка прашок за пециво
4 лажички шеќер
1 јајце
1 лажичка путер или маслиново масло
¼ лажичка сол
¼ лажичка есенција од ванила
За филот
1 парче сланина
Сол по вкус
6 јајца

ПРАВЦИ

1. Загрејте го шпоретот на 375F.

2. Изблендирајте со сад, ¼ лажичка сол, брашно и 4 лажички шеќер.

3. Искршете го јајцето во смесата и добро измешајте.

4. Полека се прелива млекото, по мала количина, додека не стане густо.

5.Прскајте со маснотии калап за печење, а потоа ставете ја смесата од брашно преку калапот обликувајќи го во 6 овали или можете да користите хартиени чаши за колачи.

6. Ако обликувате, направете мали вдлабнатини во секоја и скршете по едно јајце во секоја дупка или на врвот на секоја чаша за колачи.

7. Исечкајте ја сланината и посипете ја врз секоја, ако имате магдонос при рака, додадете и малку.

8. Гответе 12-15 минути.

9. Извадете и уживајте.

38. Корејско-американски кари ориз

Време на подготовка: 20 минути
Време за готвење: 30 минути
Порции: 4 лица

СОСТОЈКИ

- 1 среден морков, излупен и исечкан на коцки
- 7 унци говедско месо, исечено на коцки
- 2 главици кромид, сецкани
- 2 компири, излупени и исечени на коцки
- $\frac{1}{2}$ лажичка лук во прав
- Зачини по вкус
- 1 средна тиквичка, исечкана на коцки
- Растително масло за готвење
- Мешавина од 4 унци со сос од кари

ПРАВЦИ

a) Во вок или длабок тавче ставете малку масло и загрејте.
b) Зачинете го говедското месо и ставете го маслото, мешајќи и варете 2 минути.
c) Потоа додадете го кромидот, компирот, лукот во прав и морковите, пржете уште 5 минути, а потоа додадете ги тиквичките.
d) Истурете 3 чаши вода и загрејте додека не почне да врие.
e) Намалете ја топлината и варете на тивок оган 15 минути.
f) Полека додавајте ја смесата за кари додека не стане густа.
g) Прелијте го оризот и уживајте.

39. Ролна со јајца од зебра

Време на подготовка: минути
Време за готвење: минути
Порции: 1 лице

СОСТОЈКИ
- $\frac{1}{4}$ лажичка сол
- 3 јајца
- Масло за готвење
- 1 лажица млеко
- 1 лист алги

ПРАВЦИ
a) Скршете го листот со алги на парчиња.
b) Сега скршете ги јајцата во сад и додадете ја солта со млекото, изматете заедно.
c) Ставете тава на шпорет и загрејте со малку масло, подобро е ако имате нелеплива тава.
d) Истурете доволно јајце за да ја покриете основата на тавата, а потоа посипете ги со алги.
e) Откако јајцето е половина сварено, виткајте го и турнете го на страната на тавата.
f) Потоа повторно подмачкајте ако е потребно и прилагодете го огнот ако е премногу жешко, ставете уште тенок слој од јајцето и повторно посипете го со семето, сега превртете го првото преку она што се готви и ставете го на другата страна од тавата.
g) Повторете го ова додека не го заврши јајцето.
h) Исклучете на табла и исечете.

40. Корејско-амерички шпорет Торти со ореви

Време на подготовка: 10 минути
Време за готвење: 10 минути
Порции: 12 лица

СОСТОЈКИ
- 1 конзерва азуки црвен грав
- 1 чаша микс за палачинки или микс од вафли
- 1 лажичка екстракт од ванила
- 1 лажица шеќер
- 1 пакување ореви

ПРАВЦИ
a) Направете ја смесата за палачинки според упатствата на пакетот со дополнителен шеќер.
b) Откако смесата е готова, ставете ја во сад со млаз.
c) Користејќи 2 тави за колачи, ако немате, можете да користите калапи за мафини, загрејте ги на шпорет на тивко, тие ќе изгорат на високо ниво.
d) Додадете ја смесата во првата калап, но наполнете ја само до половина.
e) На секое ставете по 1 орев и 1 лажичка црвен грав, остатокот од смесата ставете го во другиот плех.
f) Следно, превртете го првиот плех врз вториот, редејќи ги калапите, варете уште 30 секунди, откако вториот плех ќе се свари тргнете го од оган.
g) Сега извадете ја горната калап и потоа извадете ги колачите на чинијата за сервирање.

41. Уличен тост сендвич

Време на подготовка: 15 минути
Време за готвење: 8 минути
Порции: 2 лица

СОСТОЈКИ

- ⅔ шолја зелка, исечкана на тенки ленти
- 4 парчиња бел леб
- 1 лажица солено путер
- $\frac{1}{8}$ чаша моркови, исечени на тенки ленти
- 2 јајца
- $\frac{1}{4}$ лажичка шеќер
- $\frac{1}{2}$ шолја краставица, ситно исечена
- Кечап по вкус
- 1 лажица масло за јадење
- Мајонез по вкус
- $\frac{1}{8}$ лажичка сол

ПРАВЦИ

a) Во голем сад испукајте ги јајцата со солта, а потоа додадете ги морковите и зелката, измешајте.

b) Ставете го маслото во длабока тава и загрејте.

c) Додадете половина од смесата во тавчето и направете 2 форми леб, држејќи ги одвоени.

d) Сега додадете ја преостанатата мешавина од јајца над 2-те во тавата, тоа ќе даде добра форма.

e) Гответе 2 минути, потоа превртете го и варете уште 2 минути.

f) Растворете половина од путерот во посебна тава, откако ќе се загрее ставете две од кришките леб и превртете ги за двете страни да го впијат путерот, продолжете да готвите додека не порумени од двете страни, околу 3 минути.

7. Повторете со другите 2 парчиња.

8. Откако ќе се свари, ставете ги на чиниите за сервирање и додадете ½ шеќер на секоја.

9. Земете ја смесата од прежените јајца и лежете на лебот.

10. Додадете ја краставицата и ставете ги кечапот и мајонезот.

11. Одозгора ставете го другото парче леб и исечете го на два дела.

42. Длабоко пржен зеленчук

Време на подготовка: минути
Време за готвење: минути
Порции: 15 лица

СОСТОЈКИ
- 1 свежо црвено чили, исечено на половина од врвот до дното
- 1 голем морков излупен и исечен на $\frac{1}{8}$ палки
- 2 китки еноки печурки, одвоени
- 1 тиквичка, исечкана на $\frac{1}{8}$ палки
- 4 млад кромид, исечени на 2 инчи должини
- 6 чешниња лук, ситно сецкани
- 1 среден сладок компир, исечен на палки
- 1 среден компир, исечен на палки
- Растително масло за пржење

ЗА ТЕСТО
- $\frac{1}{4}$ чаша пченкарен скроб
- 1 шолја универзално брашно
- 1 јајце
- $\frac{1}{4}$ чаша оризово брашно
- 1 $\frac{1}{2}$ шолја мраз ладна вода
- $\frac{1}{2}$ лажичка сол

ЗА СОСОТ
- 1 чешне лук
- $\frac{1}{2}$ чаша соја сос
- 1 млад кромид
- $\frac{1}{2}$ лажичка ориз оцет
- $\frac{1}{4}$ лажичка масло од сусам
- 1 лажичка кафеав шеќер

ПРАВЦИ

a) Ставете тенџере со вода да зоврие.

b) Морковите и двата вида компири ставете ги во водата, тргнете од оган и оставете 4 минути, па извадете од водата исплакнете, исцедете ги и исушете ги со кујнска хартија.

c) Измешајте го кромидот, тиквичките, лукот и црвениот пипер во сад и добро измешајте.

d) За мешавината на тестото, сите суви состојки.

e) Сега изматете ја водата и јајцата заедно, а потоа додадете ги во сувите состојки и добро измешајте во тесто.

f) Следно, направете го сосот со матење на шеќерот, оцетот, сојата и маслото од сусам.

g) Лукот и лукот исечкајте ги на ситно, а потоа измешајте ги во смесата од соја.

h) Додадете доволно масло во вок или длабока тава, маслото треба да биде длабоко околу 3 инчи.

i) Откако ќе се загрее маслото, поминете го зеленчукот низ тестото, оставете го вишокот да капе, па пржете 4 минути.

j) Исцедете ги и исушете ги на кујнска хартија кога сте готови.

k) Послужете со сосот.

ДЕСЕРТИ

43. Слатки корејско-амерички палачинки

Време на подготовка: 25 минути
Време за готвење: 6 минути
Порции: 8 лица

СОСТОЈКИ
1 лажица гранулиран шеќер
1 ¾ шолји брашно за леб
2 ¼ лажичка инстант квасец
1 ¼ шолја слатко оризово брашно
1 лажица растително масло
1 лажичка сол
5 лажици масло, за пржење
1 ½ шолја млако млеко
За филот
1 лажичка цимет
⅔ шолја кафеав шеќер
2 лажици ситно сечкани ореви по ваш избор

ПРАВЦИ

1. Со голема чинија измешајте ги квасецот, брашното, шеќерот и солта, добро измешајте.

2. Сега ставете 1 лажица масло во млекото и измешајте во сувата смеса, матете 2 минути потоа ставете крпа одозгора и одморете во просторијата 60 минути.

3. Штом ќе се удвои во големина, удирајте го назад и одморете повторно 15 минути.

4. Во меѓувреме измешајте ги состојките за филот и ставете го на страна.

5. Смесата за тесто поделете ја на 8 парчиња, подмачкајте ги рацете и ставете по 1 парче во раката и турнете ја надолу за да формирате диск, широк околу 4 инчи.

6. Додадете 1 $\frac{1}{2}$ лажица од мешавината на шеќер во средината, сега свиткајте ги на рабовите до центарот и затворете.

7. Додадете го маслото во тавата и загрејте на средна до ниска температура.

8. Ставете ја топката во врелото масло со запечатената страна надолу, а потоа притиснете надолу за да се израмни, за ова можете да користите шпатула.

9. Ако откриете какви било дупки, користете малку тесто за да ги приклучите.

10. Гответе 3 минути, откако ќе стане крцкаво, превртете го и варете уште 3 минути.

11. Извадете кога ќе порумената.

12. Оставете малку да се излади пред јадење, шеќерниот центар ќе биде топол.

44. Корејско-американски мед пржени круши

Време на подготовка: 5 минути
Време за готвење: 20 минути
Порции: 4 лица

СОСТОЈКИ

- ½ унца свеж ѓумбир, излупен и ситно исечен
- 1 фунта корејско-американски круши, излупени
- 24 зрна црн пипер
- 3 чаши вода
- 2 лажици шеќер или мед
- Боровите за финиш по желба

ПРАВЦИ

a) Во тава ставете ја водата и додадете го ѓумбирот, загрејте додека не зоврие и оставете 6-8 минути.
b) Во меѓувреме, исечете ги крушите на 8 парчиња.
c) Сега турнете 3 зрна бибер во секој клин од круша, внимавајќи да влезат веднаш и да не испаднат.
d) Извадете го ѓумбирот од водата и ставете ги шеќерот или медот и крушите, динстајте 10 минути.
e) Откако ќе го подготвите, извадете го и изладете, па ставете го во фрижидер да се излади.
f) Послужете го ладно или по желба може да се сервира топло, посипете со ореви ако користите.

45. Корејско-амерички леден шербет со млеко

Време на подготовка: 3 минути

Време за готвење: 3 минути

Порции: 2 лица

СОСТОЈКИ

- 2 лажици мини мочи оризови колачи
- 2 топки засладена паста од црвен грав
- 4 лажички корејско-амерички прав со повеќе зрна
- 2-3 парчиња корејско-амерички лепливи колачи од ориз, премачкани со печена соја во прав, исечени на коцки од $\frac{3}{4}$ инчи
- 4 лажички природни снегулки од бадем
- За мразот
- 2 лажици кондензирано млеко, засладено
- 1 шолја млеко

ПРАВЦИ

a) Измешајте ги кондензираното млеко и млекото во чаша со усна за сипување.

b) Ставете ја смесата во сад за мраз и замрзнете додека не стане коцки мраз, околу 5 часа.

c) Откако ќе се стегнат, извадете ги и ставете ги во блендер, или ако можете да ги избричите, пулсирајте додека не се изедначи.

d) Ставете ги сите состојки во сад за сервирање кој е изладен.

e) Во основата ставете 3 лажици шербет, па посипете со 1 лажичка мулти жито во прав.

f) Потоа додадете уште 3 лажици од шербетот, а потоа уште жито во прав.

g) Сега ставете ги на врвот оризовите колачи и пастата од грав.

h) Посипете со бадеми и послужете.

46. Корејско-амерички ражен за торта од ориз

Време на подготовка: 10 минути
Време за готвење: 10 минути
Порции: 4 лица

СОСТОЈКИ
ЗА ГЛАВНИОТ

- Масло за готвење
- Корејско-американски оризови колачи од 32 парчиња
- 2 лажици мелени ореви по ваш избор или сусам

ЗА СОСОТ

- 1 лажица мед
- 1 ½ лажица сос од домати
- 1 лажичка темно кафеав шеќер
- 1 лажица корејско-американско чили паста
- ½ лажица соја сос
- ¼ лажичка мелено лук
- 1 лажичка масло од сусам

ПРАВЦИ

a) Додадете ги оризовите колачи во зовриена вода за да омекнат само 30 секунди, а потоа исплакнете под ладна вода и исцедете ги.

b) Со помош на кујнска хартија исушете ги од вишокот вода.

c) Ставете втора тава на шпорет и додајте го сосот Состојки, загрејте и измешајте да се стопи шеќерот или медот, продолжете да мешате за да не изгори, извадете кога ќе се згусне.

d) Ставете ги колачите на ражен, внимавајќи да се вклопи во вашата тава.

e) Загрејте малку масло во тавче, еднаш загреано ставете го во ражен и пржете 1 минута.

f) Извадете и намачкајте со сосот насекаде.

g) Завршете со сусам или јаткасти плодови.

47. Корејско-американска ролна торта со киви од јагоди

Време на подготовка: 30 минути
Време за готвење: 15 минути
Порции: 8 лица

СОСТОЈКИ

- 1 шолја шеќер
- 11 лажици универзално брашно
- 1 лажица вода
- 6 големи јајца
- 1 лажица топла вода
- 2 чаши дебела павлака
- 3 лажици растително масло
- 1 лажичка екстракт од ванила
- 1 чаша јагоди, сецкани
- 2 лажици мед
- 1 чаша киви, сецкани

ПРАВЦИ

a) Загрејте го шпоретот на 375F и ставете хартија за печење на плех со димензии 16×11.

b) Преминете го брашното низ сито во сад за матење.

c) Белките се матат 60 секунди додека не се пенесат, па полека се додава шеќерот и се матат додека да достигне врвови, ако имате електричен миксер ова би било подобро.

d) Потоа, нежно додајте ги жолчките една по една со матење 60 секунди помеѓу додавањето, откако сите ќе влезат додадете ја водата и маслото, повторно матете 10 секунди.

e) Сега полека измешајте го брашното и добро измешајте.

f) Додадете ја смесата за колачи во плехот за печење и испуштете ја тавата неколку пати за да го исфрлите воздухот.

g) Печете во рерна 12-15 минути.

h) Кога е подготвена, извадете и ставете хартија за пергамент одозгора, потоа истурете, извадете ја хартијата од основата и ставете ја на решетка за ладење.

i) Додека е топло, свиткајте го со пергамент хартија, оставајќи го внатре во ролатот за торта.

j) Оставете го да се излади уште 10 минути.

k) Додека чекате измешајте ги медот и водата и ставете ги на страна.

l) Изматете ја павлаката со ванилата и остатокот од шеќерот додека да достигне врв.

m) Потоа земете ја тортата и одвиткајте ја, извадете ја хартијата и исечете го едниот крај под агол, за финиш изглед.

n) Намачкајте ја тортата со мед, а потоа кремот.

o) Додадете ги кивито и јагодите, а потоа завиткајте го во виткање, држете го заоблено така што однадвор ќе ставите хартија за печење.

p) Оставете во фрижидер 20 минути за да ја задржи формата.

q) Земете парче и послужете.

48. Корејско-амерички десерт Јаква

Време на подготовка: 25 минути
Време за готвење: 35 минути
Порции: 6-8 лица

СОСТОЈКИ

- $\frac{1}{4}$ чаша соџу
- 2 $\frac{1}{4}$ чаши брашно за пециво или средно протеинско брашно
- $\frac{1}{4}$ чаша мед
- $\frac{1}{4}$ чаша масло од сусам
- 1 лажичка прашок за пециво
- 2 лажици сечкани борови ореви
- $\frac{1}{8}$ лажичка сол
- 2 лажици стопен путер
- $\frac{1}{4}$ лажичка сода бикарбона
- За сирупот
- 2 чаши вода
- 1 чаша сируп од ориз
- 1 лажица свеж рендан ѓумбир
- 1 шолја мед

ПРАВЦИ

a) Загрејте го шпоретот на 250F.

b) Во сад ставете ги солта, сода бикарбоната, прашокот и брашното и измешајте ги.

c) Сега додадете го маслото од сусам и користете ги рацете за да се соединат.

d) Со помош на помал сад измешајте ги медот и соцуто, а потоа додадете ги во смесата за тесто, нежно измешајте.

e) Откако ќе го добиете тестото, поделете го на 2 дела.

f) Ставете 1 половина на работната површина и развлечете го до правоаголник со дебелина од $\frac{1}{4}$ инчи.

g) Се сече на парчиња 1×1 инчи или може да се сече дијагонално за да се формираат дијаманти.

h) Со вилушка ставете дупки на врвот и намачкајте ги горните делови со путер.

i) Ставете го на плех и варете во рерна 15 минути.

j) Во меѓувреме додадете ги медот, водата и сирупот од ориз во тава или тава и загрејте мешајќи да зоврие, а потоа исклучете ја топлината и измешајте го ѓумбирот, оставете го на страна.

k) Загрејте го шпоретот на 300F и уште 10 минути.

l) Сега за последен пат вклучете го шпоретот на 350F и варете уште 7 минути или додека не добие златно кафеава боја.

m) Откако ќе ги извадите, веднаш ставете ги во сирупот и оставете $\frac{1}{2}$ час, колку подолго, толку подобро.

n) Извадете при послужување и посипете со борови ореви.

49. Корејско-амерички пудинг од тапиока

Време на подготовка: минути
Време за готвење: минути
Порции: 6 лица

СОСТОЈКИ
2 ½ големи жолчки
3 чаши полномасно млеко
¼ чаша шеќер
⅓ шолја мали бисери од тапиока
1 зрно ванила
¼ лажичка чист екстракт од ванила
3 лажици корејско-американски мед-цитронски чај
½ лажичка сол

ПРАВЦИ
1. Ставете го млекото во држач од 4 чаши, додадете ¾ шолја во тавче со дебела основа и ставете ја тапиоката, оставете 60 минути.
2. Изматете ги заедно жолчките, шеќерот и солта, исечете го семето од ванила и извадете ги семките, додадете ги во држачот за 4 чаши.
3. Кога тапиоката е готова, измешајте ја смесата за крем и ставете ја на шпорет додека не зоврие, не заборавајте да промешате.
4. Штом ќе зоврие, намалете ја топлината и динстајте 20 минути.
5. Тргнете го огнот и измешајте го екстрактот од ванила со корејско-американскиот чај.
6. Послужете кога сте готови.

50. Корејско-американска зачинета торта од ориз

Време на подготовка: минути
Време за готвење: минути
Порции: 1 лице

СОСТОЈКИ
- 2 лажички шеќер
- 1 чаша оризова торта
- 1 лажичка соја сос
- 2 лажички корејско-американска зачинета паста од грав
- Семе од сусам за доработка
- ¾ чаша вода

ПРАВЦИ
a) Додадете ја водата во тенџере со паста од грав и шеќер, загрејте додека не зоврие.
b) Сега ставете ја тортата од ориз, намалете ја топлината и варете на тивко 10 минути.
c) Послужете кога сте готови.

51. Печени круши во Вонтон Крипс и мед, цимет маскарпоне

Време на подготовка: 20 минути
Време за готвење: 45 минути
Порции: 4 лица

СОСТОЈКИ
- ½ лажичка мелен цимет, поделен
- 2 корејско-американски круши
- ½ чаша плус 1 лажица мед, поделена
- 4 - 6×6 вонтон обвивки
- ¼ чаша маскарпоне
- 1 ½ лажица растопен несолен путер

ПРАВЦИ
a) Загрејте го шпоретот на 375F и обложете го садот за печење со хартија за печење.
b) Исечете ½ инчи од основата и врвот на крушата.
c) Сега излупете ги и исечете ги низ средната хоризонтала, извадете ги семките
d) Ставете ги обвивките на сува рамна површина, додадете ја половината круша на секоја обвивка и посипете со цимет, а потоа посипете со мед околу 1 лажица.
e) Подигнете ги аглите и запечатете ги со мед.
f) Ставете ги на садот за печење и варете ги во рерна 45 минути, ако печивото обои премногу само покријте го со малку фолија.
g) Измешајте го остатокот од медот, циметот и маскарпоне во изедначена смеса.
h) Послужете ги пакетчињата со маскарпоне.

52. Здрава слатка оризова торта

Време на подготовка: минути
Време за готвење: минути
Порции: 10 лица

СОСТОЈКИ

- $\frac{1}{2}$ чаша сушена кабоча или друг вид тиква
- 1 чаша натопена црна соја
- 10 костени исечени на четвртинки
- 12 суви урми
- $\frac{1}{2}$ чаша ореви, исечени на четвртини
- ⅛шолја оброк од бадеми
- 5 чаши замрзнато влажно слатко оризово брашно, одмрзнато
- 3 лажици шеќер

ПРАВЦИ

a) Измијте ја рехидратацијата од тиква со една лажица вода, додајте уште ако е потребно за да стане мека.

b) Со помош на голем сад измешајте ги шеќерот, брашното од бадеми и оризовото брашно, добро измешајте.

c) Сега додадете 2 лажици вода и тријте ги рацете заедно, обидете се да ја направите без грутки.

d) Потоа измешајте ги останатите состојки и измешајте.

e) Ставете тава за пареа на шпоретот и користете влажна крпа за да ја обложите корпата.

f) Додадете ја смесата со голема лажица и израмнете ја, ставете крпа одозгора и варете ја на пареа $\frac{1}{2}$ час.

g) Извадете го кога сте готови и олади, откако ќе се справите, испаднете и превртете го на работната површина.

h) Соблечете ја крпата и исечете и обликувајте ги напивките за сервирање.

ТОПЛ РУЧЕК

53.Чаши за пилешки бурито

СОСТОЈКИ

Крем сос од чипотл

- ½ чаша грчки јогурт без маснотии
- 1 пиперка во сос од Адобо, мелено или повеќе по вкус
- 1 чешне лук, мелено
- 1 лажица свежо исцеден сок од лимета

Бурито Боул

- ⅔ чаша кафеав ориз
- 1 лажица маслиново масло
- 1 килограм мелено пилешко
- ½ лажичка чили во прав
- ½ лажичка лук во прав
- ½ лажичка мелен ким
- ½ лажичка суво оригано
- ¼ лажичка кромид во прав
- ¼ лажичка пиперка
- Кошер сол и свежо мелен црн пипер, по вкус
- 1 (15 унца) конзерва црн грав, исцеден и исплакнат
- 1 ¾ чаши пченкарни зрна (замрзнати, конзервирани или печени)
- ½ чаша пико де гало (домашна или купена во продавница)

ПРАВЦИ

a) ЗА СОСОТ ЗА КРЕМ ЧИПОТЛ: изматете ги јогуртот, биберот, лукот и сокот од лимета. Покријте и ставете го во фрижидер до 3 дена.

b) Гответе го оризот според упатствата на пакувањето во големо тенџере со 2 чаши вода; Стави на страна.

c) Загрејте го маслиновото масло во големо тенџере или холандска рерна на средно-висок оган. Додадете мелено пилешко, чили во прав, лук во прав, ким, оригано, кромид во прав и пиперка; зачинете со сол и бибер. Гответе додека пилешкото не порумени, 3 до 5 минути, внимавајќи да го распарчите пилешкото додека се готви; исцедете го вишокот маснотии.

d) Поделете го оризот во контејнери за подготовка на оброци. Одозгора ставете мешавина од мелено пилешко, црн грав, пченка и пико де гало. Се чува покриено во фрижидер 3 до 4 дена. Посипете со крем сос од чипотле. Украсете со цилинтро и лимета, по желба и послужете. Повторно загревајте во микробранова печка во интервали од 30 секунди додека не се загрее.

54. Пилешко тика масала

СОСТОЈКИ

- 1 чаша ориз басмати
- 2 лажици несолен путер
- 1 ½ килограм пилешки гради без коски, без кожа, исечени на парчиња од 1 инчи
- Кошер сол и свежо мелен црн пипер, по вкус
- 1 кромид, исечкан на коцки
- 2 лажици доматна паста
- 1 лажица свежо рендан ѓумбир
- 3 чешниња лук, мелено
- 2 лажички гарам масала
- 2 лажички чили во прав
- 2 лажички мелена куркума
- 1 (28 унца) конзерва домати исечени на коцки
- 1 шолја супа од пилешко
- ⅓ чаша густ крем
- 1 лажица свеж сок од лимон
- ¼ чаша сецкани свежи листови цилинтро (по избор)
- 1 лимон, исечен на коцки (по избор)

ПРАВЦИ

a) Гответе го оризот според упатствата на пакувањето во големо тенџере со 2 чаши вода; Стави на страна.

b) Растопете го путерот во голема тава на средна топлина. Зачинете го пилешкото со сол и бибер. Додадете ги пилешкото и кромидот во тавата и варете, повремено мешајќи, додека не порумеднат, 4 до 5 минути. Промешајте ја доматната паста, ѓумбирот, лукот, гарам масала, чили во прав и куркумата и варете додека не се соединат добро, 1 до 2 минути. Измешајте ги доматите исечкани на коцки и пилешката супа. Доведете до вриење; намалете ја топлината и динстајте, мешајќи повремено, додека малку не се згусне, околу 10 минути.

c) Измешајте ги кремот, сокот од лимон и пилешкото и варете додека не се загреат, околу 1 минута.

d) Ставете ја смесата од ориз и пилешко во контејнери за подготовка на оброците. Украсете со цилинтро и лимон, по желба, и послужете. Се чува покриено во фрижидер 3 до 4 дена. Повторно загревајте во микробранова печка во интервали од 30 секунди додека не се загрее.

55. Грчки чинии за пилешко

СОСТОЈКИ

Пилешко и ориз

- 1 фунта пилешки гради без коски и кожа
- $\frac{1}{4}$ чаша плус 2 лажици маслиново масло, поделено
- 3 чешниња лук, мелено
- Сок од 1 лимон
- 1 лажица црвен вински оцет
- 1 лажица суво оригано
- Кошер сол и свежо мелен црн пипер, по вкус
- $\frac{3}{4}$ чаша кафеав ориз

Салата од краставици

- 2 англиски краставици, излупени и исечени
- $\frac{1}{2}$ шолја тенко сецкан црвен кромид
- Сок од 1 лимон
- 2 лажици екстра девствено маслиново масло
- 1 лажица црвен вински оцет
- 2 чешниња лук, притиснати
- $\frac{1}{2}$ лажичка суво оригано

Цацики сос

- 1 чаша грчки јогурт
- 1 англиска краставица ситно исечкана
- 2 чешниња лук, притиснати
- 1 лажица сецкан свеж копар
- 1 лажичка рендана кора од лимон
- 1 лажица свежо исцеден сок од лимон
- 1 лажичка сечкано свежо нане (по избор)
- Кошер сол и свежо мелен црн пипер, по вкус
- 2 лажици екстра девствено маслиново масло
- 1 $\frac{1}{2}$ килограм чери домати, преполовени

ПРАВЦИ

a) ЗА ПИЛЕ: Во патент-торба со големина на галон, измешајте го пилешкото, ¼ чаша маслиново масло, лукот, сок од лимон, оцет и оригано; зачинете со сол и бибер. Маринирајте го пилешкото во фрижидер најмалку 20 минути или до 1 час, вртејќи ја вреќата повремено. Исцедете го пилешкото и фрлете ја маринадата.

b) Загрејте ги преостанатите 2 лажици маслиново масло во голема тава на средно-силен оган. Додадете го пилешкото и варете, превртувајќи еднаш, додека не се готви, 3 до 4 минути по страна. Оставете да се излади пред да исечете на коцки со големина на залак.

c) Гответе го оризот во големо тенџере со 2 чаши вода според упатствата на пакувањето.

d) Поделете ги оризот и пилешкото во контејнери за подготовка на оброци. Се чува покриено во фрижидер до 3 дена.

e) ЗА САЛАТАТА ОД КРАСТУВАЦИ: Во помал сад измешајте ги краставиците, кромидот, сокот од лимон, маслиновото масло, оцетот, лукот и ориганото. Покријте и ставете го во фрижидер до 3 дена.

f) ЗА СОСОТ ЦАЦИКИ: Во помал сад измешајте ги јогуртот, краставицата, лукот, копарот, кората од лимон и сокот и нането (ако користите). Зачинете со сол и бибер по вкус и прелијте со маслиново масло. Покријте и ставете го во фрижидер најмалку 10 минути, дозволувајќи им на вкусовите да се спојат. Може да се чува во фрижидер 3 до 4 дена.

g) За сервирање, повторно загрејте го оризот и пилешкото во микробранова печка во интервали од 30 секунди, додека не се загреат. Прелијте со салата од краставици, домати и сос од Цацики и послужете.

56. Готвечки чинии за корејско-амерички оброци

СОСТОЈКИ

- ⅔ шолја бел или кафеав ориз
- 4 средни јајца
- 1 лажица маслиново масло
- 2 чешниња лук, мелено
- 4 чаши сецкан спанаќ

Корејско-американско говедско месо

- 3 лажици спакуван кафеав шеќер
- 3 лажици соја сос со намален натриум
- 1 лажица свежо рендан ѓумбир
- 1 ½ лажичка масло од сусам
- ½ лажичка срирача (по избор)
- 2 лажички маслиново масло
- 2 чешниња лук, мелено
- 1 килограм мелено говедско месо
- 2 зелени кромидчиња, тенко исечени (по избор)
- ¼ лажичка семе од сусам (по избор)

ПРАВЦИ

a) Гответе го оризот според упатствата на пакувањето; Стави на страна.

b) Ставете ги јајцата во големо тенџере и покријте ги со ладна вода за 1 инч. Оставете да зоврие и варете 1 минута. Покријте го тенџерето со цврсто прицврстен капак и тргнете го од оган; оставете да отстои 8 до 10 минути. Добро исцедете го и оставете да се излади пред да го излупите и исечете на половина.

c) Загрејте го маслиновото масло во голема тава на средно-силен оган. Додадете го лукот и варете, со често мешање, додека не замириса, 1 до 2 минути. Промешајте го спанаќот и варете додека не овене, 2 до 3 минути; Стави на страна.

d) За говедско месо: Во мала чинија изматете ги кафеавиот шеќер, соја сосот, ѓумбирот, маслото од сусам и срирача, доколку користите.

e) Загрејте го маслиновото масло во голема тава на средно-силен оган. Додадете го лукот и варете, со постојано мешање, додека не замириса, околу 1 минута. Додадете го меленото говедско месо и варете додека не порумени, 3 до 5 минути, внимавајќи да го распаднете говедското месо додека се готви; исцедете го вишокот маснотии. Измешајте ја смесата со соја сос и зелениот кромид додека не се соедини добро, а потоа динстајте додека не се загрее, околу 2 минути.

f) Ставете го оризот, јајцата, спанаќот и меленото говедско месо во контејнери за подготовка на оброците и украсете со зелен кромид и семе од сусам, по желба. Се чува покриено во фрижидер 3 до 4 дена.

g) Повторно загревајте во микробранова печка во интервали од 30 секунди додека не се загрее.

57. Мејсон тегла пилешко и рамен супа

СОСТОЈКИ

- 2 (5,6-унци) пакувања нудли од јакисоба во фрижидер
- 2 ½ лажици основен концентрат од супа од зеленчук со намален натриум (нам ни се допаѓа Подобро од Бујон)
- 1 ½ лажица соја сос со намален натриум
- 1 лажица ориз вински оцет
- 1 лажица свежо рендан ѓумбир
- 2 лажички самбал оелек (мелена свежа чиле паста), или повеќе по вкус
- 2 лажички масло од сусам
- 2 чаши остаток од рендано пилешко роса
- 3 чаши бебе спанаќ
- 2 моркови, излупени и изрендани
- 1 чаша исечени шитаке печурки
- ½ чаша свежи листови од цилинтро
- 2 зелени главици кромид, тенко сецкани
- 1 лажичка семе од сусам

ПРАВЦИ

a) Во големо тенџере со врела вода, варете ја јакисобата додека не се олабави, 1 до 2 минути; добро исцедете.

b) Во мал сад измешајте ја основата за супа, соја сос, оцет, ѓумбир, самбал оелек и масло од сусам.

c) Смесата за супа поделете ја во 4 (24 унци) стаклени тегли со широка уста со капаци или други контејнери отпорни на топлина. Одозгора со јакисоба, пилешко, спанаќ, моркови, печурки, цилинтро, зелен кромид и сусам. Покријте и ставете го во фрижидер до 4 дена.

d) За сервирање, открите тегла и додадете топла вода за да ја покрие содржината, околу 1 ¼ чаши. Микробранова печка, непокриена, додека не се загрее, 2 до 3 минути. Оставете да отстои 5 минути, измешајте да се соедини и послужете веднаш.

58. Мејсон тегла болоњезе

СОСТОЈКИ

- 2 лажици маслиново масло
- 1 килограм мелено говедско месо
- 1 фунта италијански колбас, отстранети чаури
- 1 кромид, мелено
- 4 чешниња лук, мелено
- 3 (14,5 унци) лименки домати исечени на коцки, исцедени
- 2 (15-унца) лименки сос од домати
- 3 ловорови листови
- 1 лажичка суво оригано
- 1 лажичка сушен босилек
- $\frac{1}{2}$ лажичка сува мајчина душица
- 1 лажичка кошер сол
- $\frac{1}{2}$ лажичка свежо мелен црн пипер
- 2 (16-унци) пакувања сирење моцарела со намалена маснотија, исечкано на коцки
- 32 унци неварени фусили од целата пченица, варени според упатствата на пакувањето; варени околу 16 чаши

ПРАВЦИ

a) Загрејте го маслиновото масло во голема тава на средно-силен оган. Додадете го меленото говедско месо, колбасот, кромидот и лукот. Гответе додека не заруменат, 5 до 7 минути, внимавајќи да ги роните говедското месо и колбасот додека се готви; исцедете го вишокот маснотии.

b) Префрлете ја смесата од мелено говедско месо во бавен шпорет од 6 литри. Измешајте ги доматите, сосот од домати, ловоровите листови, ориганото, босилекот, мајчината душица, солта и биберот. Покријте и варете на тивок оган 7 часа и 45 минути. Отстранете го капакот и свртете го бавниот шпорет на високо ниво. Продолжете да готвите 15 минути, додека сосот не се згусне. Отфрлете ги ловоровите листови и оставете го сосот целосно да се излади.

c) Поделете го сосот во стаклени тегли од 16 (24 унци) со широка уста со капаци или други контејнери отпорни на топлина. Одозгора со моцарела и фусили. Оставете го во фрижидер до 4 дена.

d) За сервирање, печете во микробранова, непокриено, додека не се загрее, околу 2 минути. Промешајте да се соединат.

59. Мејсон тегла лазања

СОСТОЈКИ

- 3 тестенини од лазањи
- 1 лажица маслиново масло
- ½ фунта мелено филе
- 1 кромид, исечкан на коцки
- 2 чешниња лук, мелено
- 3 лажици доматна паста
- 1 лажичка италијански зачини
- 2 (14,5 унци) лименки домати исечени на коцки
- 1 средна тиквичка, рендана
- 1 голем морков, рендан
- 2 чаши рендан бебешки спанаќ
- Кошер сол и свежо мелен црн пипер, по вкус
- 1 чаша делумно обезмастено рикота сирење
- 1 чаша рендано сирење моцарела, поделено
- 2 лажици сечкани свежи листови босилек

ПРАВЦИ

a) Во големо тенџере со зовриена солена вода, варете ги тестенините според упатствата на пакувањето; добро исцедете. Секоја тестенина исечете ја на 4 парчиња; Стави на страна.

b) Загрејте го маслиновото масло во голема тава или холандска рерна на средно-висок оган. Додадете го меленото филе и кромид и варете додека не поруменат, 3 до 5 минути, внимавајќи да го распаднете говедското месо додека се готви; исцедете го вишокот маснотии.

c) Промешајте го лукот, доматната паста и италијанскиот зачин и варете додека не се мириса, 1 до 2 минути. Промешајте ги доматите, намалете ја топлината и динстајте додека малку да се згусне, 5 до 6 минути. Измешајте ги тиквичките, морковот и спанаќот и варете, често мешајќи, додека не омекнат, 2 до 3 минути. Зачинете со сол и бибер по вкус. Оставете го сосот на страна.

d) Во мал сад измешајте ја рикота, ½ чаша моцарела и босилекот; зачинете со сол и бибер по вкус

e) Загрејте ја рерната на 375 степени F. Лесно намачкајте 4 (16 унци) стаклени тегли со широка уста со капаци или други контејнери безбедни за рерната или премачкајте со нелеплив спреј.

f) Ставете по 1 парче тестенини во секоја тегла. Поделете една третина од сосот во теглите. Повторете со втор слој тестенини и сос. Одозгора ставете ја смесата од рикота, преостанатите тестенини и преостанатиот сос. Посипете со преостанатата ½ чаша сирење моцарела.

g) Ставете ги теглите на плех за печење. Ставете ја во рерната и печете додека не клокоти, 25 до 30 минути; целосно изладете. Оставете го во фрижидер до 4 дена.

60. Мисо супа од ѓумбир за детоксикација

СОСТОЈКИ

- 2 лажички тост масло од сусам
- 2 лажички масло од канола
- 3 чешниња лук, мелено
- 1 лажица свежо рендан ѓумбир
- 6 чаши супа од зеленчук
- 1 лист комбу, исечен на мали парчиња
- 4 лажички бела мисо паста
- 1 (3,5 унца) пакување шитаке печурки, исечени (околу 2 чаши)
- Цврсто тофу од 8 унци, исечено во коцки
- 5 baby bok choy, сецкани
- $\frac{1}{4}$ чаша исечен зелен кромид

ПРАВЦИ

a) Загрејте ги сусамовото масло и маслото од канола во големо тенџере или холандска рерна на средна топлина. Додадете го лукот и ѓумбирот и варете, често мешајќи, додека не замириса, 1 до 2 минути. Измешајте ги густинот, комбу и мисо пастата и доведете до вриење. Покријте, намалете ја топлината и динстајте 10 минути. Промешајте ги печурките и варете ги додека не омекнат, околу 5 минути.

b) Промешајте ги тофуто и бок чојот и варете додека тофуто не се загрее и бок чојот не биде само нежен, околу 2 минути. Измешајте го зелениот кромид. Послужете веднаш.

c) Или, за да се подготвите пред време, оставете го густинот да се излади на крајот од чекор 1. Потоа измешајте го тофуто, бок чојот и зелениот кромид. Поделете го во херметички контејнери, покријте го и ставете го во фрижидер до 3 дена. За повторно загревање, ставете го во микробранова печка во интервали од 30 секунди додека не се загрее.

61. Полнети слатки компири

ПРИДОБИ: 4 ПОРЦИИ

СОСТОЈКИ

- 4 средни слатки компири

ПРАВЦИ

a) Загрејте ја рерната на 400 степени F. Обложете го листот за печење со пергамент или алуминиумска фолија.

b) Ставете ги слатките компири во еден слој на подготвениот плех. Печете додека не омекне, околу 1 час и 10 минути.

c) Оставете да одмори додека не се излади доволно за да се справите.

62. Корејско-амерackански полнети компири со пилешко

СОСТОЈКИ

- $\frac{1}{2}$ чаша зачинет ориз вински оцет
- 1 лажица шеќер
- Кошер сол и свежо мелен црн пипер, по вкус
- 1 шолја моркови од кибрит
- 1 голем лук, исечкан
- $\frac{1}{4}$ лажичка мелени снегулки црвен пипер
- 2 лажички масло од сусам
- 1 (10 унца) пакување свеж спанаќ
- 2 чешниња лук, мелено
- 4 печени слатки компири (тука)
- 2 чаши зачинето корејско-американско пилешко сусам (тука)

ПРАВЦИ

а) Во мало тенџере измешајте ги оцетот, шеќерот, 1 лажичка сол и $\frac{1}{4}$ чаша вода. Оставете да зоврие на средна топлина. Измешајте ги морковите, снегулките и црвените пиперки. Тргнете го од оган и оставете да отстои 30 минути.

b) Загрејте го сусамовото масло во голема тава на средна топлина. Измешајте ги спанаќот и лукот и варете додека спанаќот не овене, 2 до 4 минути. Зачинете со сол и бибер по вкус.

c) Компирите преполовете ги по должина и зачинете со сол и бибер. Одозгора се ставаат пилешкото, смесата од морков и спанаќот.

d) Слаткиот компир поделете го во контејнери за подготовка на оброци. Ставете го во фрижидер до 3 дена. Повторно загревајте во микробранова печка во интервали од 30 секунди додека не се загрее.

63. Полнети компири од кељ и црвен пипер

СОСТОЈКИ

- 1 лажица маслиново масло
- 2 чешниња лук, мелено
- 1 сладок кромид, исечкан на коцки
- 1 лажичка чадена пиперка
- 1 црвена пиперка, тенко исечена
- 1 китка кадрава кељ, извадени стебла и сецкани листови
- Кошер сол и свежо мелен црн пипер, по вкус
- 4 печени слатки компири
- $\frac{1}{2}$ чаша распарчено фета сирење со намалена маснотија

ПРАВЦИ

a) Загрејте го маслиновото масло во голема тава на средна топлина. Додадете го лукот и кромидот и варете, често мешајќи, додека кромидот не стане проsирен, 2 до 3 минути. Промешајте ја пиперката и варете додека не замириса, околу 30 секунди.

b) Промешајте ја пиперката и варете додека не стане крцкава, околу 2 минути. Промешајте го кељот, грст по еден, и варете додека светло зелена и штотуку изнемоштена, 3 до 4 минути.

c) Преполовете ги компирите и зачинете со сол и бибер. Одозгора со смесата од кељ и фета.

d) Слаткиот компир поделете го во контејнери за подготовка на оброци.

64. Полнети компири со пилешко со сенф

СОСТОЈКИ

- 1 лажица маслиново масло
- 2 чаши исечени свежи боранија
- 1 ½ шолја на четвртини кремини печурки
- 1 лук, мелено
- 1 чешне лук, мелено
- 2 лажици сечкани листови свеж магдонос
- Кошер сол и свежо мелен црн пипер, по вкус
- 4 печени слатки компири (тука)
- 2 чаши Меден сенф пилешко (тука)

ПРАВЦИ

a) Загрејте го маслиновото масло во голема тава на средна топлина. Додадете ги боранија, печурките и шелот и варете, често мешајќи, додека боранијата не стане крцкава, 5 до 6 минути. Измешајте ги лукот и магдоносот и варете додека не замирисаат, околу 1 минута. Зачинете со сол и бибер по вкус.

b) Компирите преполовете ги по должина и зачинете со сол и бибер. Одозгора се става смесата од боранија и пилешкото.

c) Слаткиот компир поделете го во контејнери за подготовка на оброци. Ставете го во фрижидер до 3 дена. Повторно загревајте во микробранова печка во интервали од 30 секунди додека не се загрее.

65. Полнети компири црн грав и Пико де Гало

СОСТОЈКИ

Црн грав

- 1 лажица маслиново масло
- ½ сладок кромид, исечен на коцки
- 1 чешне лук, мелено
- 1 лажичка чили во прав
- ½ лажичка мелен ким
- 1 (15,5 унца) конзерва црн грав, исплакнат и исцеден
- 1 лажичка јаболков оцет
- Кошер сол и свежо мелен црн пипер, по вкус

Пико де Гало

- 2 сливи домати, исечени на коцки
- ½ сладок кромид, исечен на коцки
- 1 халапењо, со семе и мелено
- 3 лажици сецкани свежи листови цилинтро
- 1 лажица свежо исцеден сок од лимета
- Кошер сол и свежо мелен црн пипер, по вкус
- 4 печени слатки компири (тука)
- 1 авокадо, преполовено, излупено и исечено на коцки
- ¼ чаша лесна павлака

ПРАВЦИ

a) ЗА ГРАВ: Загрејте го маслиновото масло во средно тенџере на умерен оган. Додадете го кромидот и варете, често мешајќи, додека не стане проѕирен, 2 до 3 минути. Промешајте ги лукот, чили во прав и кимот и варете додека не се мирисна, околу 1 минута.

b) Измешајте ги гравот и ⅔чаша вода. Оставете да зоврие, намалете ја топлината и варете додека не се намали, 10 до 15 минути. Користејќи машина за матење компири, изгмечете ги гравот додека не се постигне мазна и саканата конзистентност. Промешајте го оцетот и зачинете со сол и бибер по вкус.

c) ЗА ПИКО ДЕ ГАЛО: Комбинирајте ги доматите, кромидот, халапењото, цилинтрото и сокот од лимета во средна чинија. Зачинете со сол и бибер по вкус.

d) Компирите преполовете ги по должина и зачинете со сол и бибер. Одозгора со смесата со црн грав и пико де гало.

e) Слаткиот компир поделете го во контејнери за подготовка на оброци. Ставете го во фрижидер до 3 дена. Повторно загревајте во микробранова печка во интервали од 30 секунди додека не се загрее.

66. Тестенини од тиквички со ќофтиња од мисирка

СОСТОЈКИ

- 1 килограм мелена мисирка
- ⅓ чаша Панко
- 3 лажици свежо рендан пармезан
- 2 големи жолчки
- $\frac{3}{4}$ лажичка суво оригано
- $\frac{3}{4}$ лажичка сушен босилек
- $\frac{1}{2}$ лажичка сушен магдонос
- $\frac{1}{4}$ лажичка лук во прав
- $\frac{1}{4}$ лажичка мелени снегулки црвен пипер
- Кошер сол и свежо мелен црн пипер, по вкус
- 2 фунти (3 средни) тиквички, спирализирани
- 2 лажички кошер сол
- 2 шолји сос од маринара (домашен или купен во продавница)
- $\frac{1}{4}$ чаша свежо рендан пармезан

ПРАВЦИ

a) Загрејте ја рерната на 400 степени F. Лесно подмачкајте го садот за печење од 9x13 инчи или премачкајте со нелеплив спреј.

b) Во голем сад измешајте ја мелената мисирка, панко, пармезан, жолчки, оригано, босилек, магдонос, лук во прав и снегулки од црвена пиперка; зачинете со сол и бибер. Користејќи дрвена лажица или чисти раце, мешајте додека убаво не се соедини. Расукајте ја смесата во 16 до 20 ќофтиња, со дијаметар од 1 до 1 ½ инчи.

c) Ставете ги ќофтињата во подготвениот сад за печење и печете ги 15 до 18 минути, додека не поруменат и не се зготват; Стави на страна.

d) Ставете ги тиквичките во цедалка над лавабото. Додадете ја солта и нежно фрлете да се соедини; оставете да отстои 10 минути. Во големо тенџере со врела вода, варете ги тиквичките 30 секунди до 1 минута; добро исцедете.

e) Поделете ги тиквичките во контејнери за подготовка на оброци. Одозгора со ќофтиња, сос од маринара и пармезан. Се чува покриено во фрижидер 3 до 4 дена. Повторно загревајте во микробранова печка, непокриено, во интервали од 30 секунди додека не се загрее.

67. Лесни ќофтиња

Добива околу 18 ќофтиња

СОСТОЈКИ

- 20 oz. (600гр) дополнително посно мелени мисиркини гради
- ½ чаша (40 g) овесно брашно
- 1 јајце
- 2 чаши (80гр) спанаќ, сецкан (по избор)
- 1 лажичка лук во прав
- ¾ лажички сол
- ½ лажичка пиперка

ПРАВЦИ

a) Загрејте ја рерната на 350 F (180 C).
b) Измешајте ги сите состојки во сад.
c) Свиткајте го месото во ќофтиња со големина на топче за голф и префрлете го во прскан сад за печење со димензии 9x13" (30x20cm).
d) Печете 15 минути.

68. Супа од 3 состојки

Добива 8 порции
СОСТОЈКИ
- 2 15 oz. (по 425 g) конзерви грав (јас користам една конзерва црн грав и една конзерва бел грав), исцедени/исплакнени
- 1 15 oz. (425 g) домати исечени на коцки
- 1 чаша (235 мл) пилешко/зеленчук сол и бибер по вкус

ПРАВЦИ
a) Измешајте ги сите состојки во тенџере на средно-силен оган. Оставете да зоврие.
b) Откако ќе зоврие, покријте го и намалете го да врие 25 минути.
c) Користете го вашиот блендер за потопување (или префрлете го во нормален блендер/процесор во серии) за да ја испасирате супата до саканата конзистентност.
d) Послужете топло со грчки јогурт како замена за павлака, чедар сирење со малку маснотии и зелен кромид!
e) Во фрижидер трае до 5 дена.

69. Бавен шпорет Салса Турција

Добива 6 порции
СОСТОЈКИ
- 20 oz. (600гр) дополнително посно мелени мисиркини гради
- 1 15,5 oz. тегла (440 g) салса
- сол и бибер по вкус (по избор)

ПРАВЦИ
a) Додадете ја вашата мелена мисирка и салса во вашиот бавен шпорет.
b) Намалете ја топлината на минимум. Оставете да се готви 6-8 часа, бавно и ниско. Промешајте еднаш или двапати во текот на времето на готвење. (Гответе на високо ниво 4 часа ако сте во криза).
c) Послужете со дополнителна ладна салса, грчки јогурт како замена за павлака, сирење или зелен кромид!
d) Издржува 5 дена во фрижидер или 3-4 месеци во замрзнувач.

70. Бурито-Бул-во-тегла

Добива 1 тегла

СОСТОЈКИ

- 2 лажици салса
- ¼ чаша (40 g) грав/грав салса ⅓чаша (60 g) варен ориз/киноа
- 3 oz. (85 g) зготвена дополнително посна мелена мисирка, пилешко или протеин по избор
- 2 лажици чедар сирење со малку маснотии
- 1 ½ шолја (60 g) зелена салата/зелени
- 1 лажица грчки јогурт („кисела павлака")
- ¼ авокадо

ПРАВЦИ

a) Слојте ги сите ваши состојки во теглата.
b) Чувајте за јадење подоцна.
c) Кога сте подготвени за јадење, истурете ја теглата во чинија или сад за да се измеша и проголта!
d) Во фрижидер трае 4-5 дена.

ЛАДЕН РУЧЕК

71. Чаши за подготовка на оброци Карнитас

СОСТОЈКИ

- 2 ½ лажички чили во прав
- 1 ½ лажичка мелен ким
- 1 ½ лажичка суво оригано
- 1 лажичка кошер сол, или повеќе по вкус
- ½ лажичка мелен црн пипер, или повеќе по вкус
- 1 (3 фунти) свинско филе, исечено вишок маснотии
- 4 чешниња лук, излупени
- 1 главица кромид, исечена на коцки
- Сок од 2 портокали
- Сок од 2 лимета
- 8 чаши рендан кељ
- 4 сливи домати, сецкани
- 2 (15-унци) лименки црн грав, исцедени и исплакнати
- 4 чаши пченкарни зрна (замрзнати, конзервирани или печени)
- 2 авокадо, преполовени, излупени и исечкани на коцки
- 2 лимети, исечени на коцки

ПРАВЦИ

a) Во мал сад измешајте ги чили во прав, ким, оригано, сол и бибер. Зачинете го свинското месо со смесата за зачини, втријте ги темелно од сите страни.

b) Во бавен шпорет ставете ги свинското месо, лукот, кромидот, сокот од портокал и лиметата. Покријте и варете на тивко 8 часа или на силно 4 до 5 часа.

c) Извадете го свинското месо од шпоретот и исечкајте го месото. Вратете го во тенцерето и прелијте ги со соковите; зачинете со сол и бибер, доколку е потребно. Покријте и оставете го на топло уште 30 минути.

d) Ставете ги свинското месо, кељот, доматите, црн грав и пченката во контејнери за подготовка на оброци. Се чува покриено во фрижидер 3 до 4 дена. Послужете со клинови од авокадо и лимета.

72. Салата од виршла од Чикаго

СОСТОЈКИ

- 2 лажици екстра девствено маслиново масло
- 1 ½ лажица жолт сенф
- 1 лажица црвен вински оцет
- 2 лажички семе од афион
- ½ лажичка сол целер
- Нотка шеќер
- Кошер сол и свежо мелен црн пипер, по вкус
- 1 шолја киноа
- 4 мисиркини виршли со намалени маснотии
- 3 чаши рендан бебешки кељ
- 1 шолја преполовени чери домати
- ⅓ чаша бел кромид исечкан на коцки
- ¼ чаша спортски пиперки
- 8 копја од кисели краставички од копар

ПРАВЦИ

a) ДА ГО НАПРАВИТЕ ВИНЕГРЕТ: Изматете ги маслиновото масло, сенфот, оцетот, афионот, солта на целерот и шеќерот во средна чинија. Зачинете со сол и бибер по вкус. Покријте и ставете го во фрижидер 3 до 4 дена.

b) Гответе ја киноата според упатствата на пакувањето во големо тенџере со 2 чаши вода; Стави на страна.

c) Загрејте скара на средно-високо. Додадете ги виршлите на скара и варете додека не поруменат и не се јагленисаат малку од сите страни, 4 до 5 минути. Оставете да се излади и исечете ги на парчиња со големина на залак.

d) Поделете ја киноата, виршлите, доматите, кромидот и пиперките во контејнери за подготовка на оброци. Се чува во фрижидер 3 до 4 дена.

e) За сервирање, прелијте го преливот врз салатата и нежно фрлете да се соедини. Послужете веднаш, по желба украсени со копја од кисели краставички.

73. Тако чинии за риби

СОСТОЈКИ

Прелив од цилантро вар

- 1 чаша лабаво спакуван цилинтро, извадени стебла
- ½ чаша грчки јогурт
- 2 чешниња лук,
- Сок од 1 лимета
- Нотка кошер сол
- ¼ чаша екстра девствено маслиново масло
- 2 лажици јаболков оцет

Тилапија

- 3 лажици несолен путер, стопен
- 3 чешниња лук, мелено
- Рендана кора од 1 лимета
- 2 лажици свежо исцеден сок од лимета, или повеќе по вкус
- 4 (4-унца) филети тилапија
- Кошер сол и свежо мелен црн пипер, по вкус
- ⅔ шолја киноа
- 2 чаши рендан келј
- 1 чаша рендана црвена зелка
- 1 чаша зрна од пченка (конзервирана или печена)
- 2 сливи домати, исечени на коцки
- ¼ чаша мелени тортиља чипс
- 2 лажици сецкани свежи листови цилинтро

ПРАВЦИ

a) ЗА облекување: Комбинирајте го цилинтрото, јогуртот, лукот, сокот од лимета и солта во садот на процесорот за храна. Кога работи моторот, со бавен тек додајте ги маслиновото масло и оцетот додека не се емулгираат. Покријте и ставете го во фрижидер 3 до 4 дена.

b) ЗА ТИЛАПИЈАТА: Загрејте ја рерната на 425 степени F. Лесно подмачкајте сад за печење од 9x13 инчи или премачкајте со нелеплив спреј.

c) Во мал сад изматете ги путерот, лукот, кората од лимета и сокот од лимета. Зачинете ја тилапијата со сол и бибер и ставете ја во подготвениот сад за печење. Посипете со смесата со путер.

d) Печете додека рибата лесно не се снегулки со вилушка, 10 до 12 минути.

e) Гответе ја киноата според упатствата на пакувањето во големо тенџере со 2 чаши вода. Оставете да се излади.

f) Поделете ја киноата во контејнери за подготовка на оброци. Одозгора ставете тилапија, кељ, зелка, пченка, домати и чипс од тортиља.

g) За сервирање, посипете со прелив од цилинтро, украсен со цилинтро, ако сакате.

74. Соберете ја Коб салатата

СОСТОЈКИ

Прелив од афион

- ¼ чаша млеко 2%.
- 3 лажици мајонез од маслиново масло
- 2 лажици грчки јогурт
- 1 ½ лажица шеќер, или повеќе по вкус
- 1 лажица јаболков оцет
- 1 лажица семе од афион
- 2 лажици маслиново масло

Салата

- 16 унци тиквички од путер, исечени на парчиња од 1 инчи
- 16 унци бриселско зелје, преполовен
- 2 гранчиња свежа мајчина душица
- 5 свежи листови жалфија
- Кошер сол и свежо мелен црн пипер, по вкус
- 4 средни јајца
- 4 парчиња сланина, исечкана на коцки
- 8 чаши рендан кељ
- 1 ⅓ шолји варен див ориз

ПРАВЦИ

a) ЗА ОБЛИК: Изматете ги млекото, мајонезот, јогуртот, шеќерот, оцетот и афионот во помал сад. Покријте и ставете го во фрижидер до 3 дена.

b) Загрејте ја рерната на 400 степени F. Лесно подмачкајте го листот за печење или премачкајте со нелеплив спреј.

c) На подготвениот плех ставете ги сквошот и бриселското зелје. Додадете ги маслиновото масло, мајчина душица и жалфија и нежно фрлете ги да се соединат; зачинете со сол и бибер. Наредете во рамномерен слој и печете, превртувајќи еднаш, 25 до 30 минути, додека не омекне; Стави на страна.

d) Во меѓувреме, ставете ги јајцата во големо тенџере и покријте ги со ладна вода за 1 инч. Оставете да зоврие и варете 1 минута. Покријте го садот со цврсто прицврстен капак и отстранете го од топлина; оставете да отстои 8 до 10 минути. Добро исцедете го и оставете да се излади пред да го излупите и исечете.

e) Загрејте големо тавче на средно-висок оган. Додадете ја сланината и варете додека не стане кафена и крцкава, 6 до 8 минути; исцедете го вишокот маснотии. Префрлете се на чинија обложена со хартиена крпа; Стави на страна.

f) За да ги соберете салатите, ставете го кељот во контејнери за подготовка на оброци; одозгора наредете редови сквош, бриселско зелје, сланина, јајце и див ориз. Се чува покриено во фрижидер 3 до 4 дена. Послужете со преливот од афион.

75. Бафало карфиол Коб салата

СОСТОЈКИ

- 3-4 чаши цветчиња карфиол
- 1 15 oz. може наут, исцеден, исплакнат и исушен
- 2 лажички масло од авокадо
- ½ лажичка пиперка
- ½ лажичка морска сол
- ½ чаша сос од биволски крилја
- 4 шолји свеж ромски, сецкан
- ½ чаша целер, сецкан
- ¼ чаша црвен кромид, исечен
- Кремаст вегански ранч облекување:
- ½ чаша сурови индиски ореви, натопени 3-4 часа или преку ноќ
- ½ чаша свежа вода
- 2 лажички сушен копар
- 1 лажичка лук во прав
- 1 лажичка кромид во прав
- ½ лажичка морска сол
- прстофат црн пипер

ПРАВЦИ

a) Поставете ја рерната на 450°F.

b) Додадете карфиол, наут, масло, бибер и сол во голема чинија и фрлете ги да се премачкаат.

c) Истурете ја смесата на лист за печење или камен. Печете 20 минути. Извадете ја тавата за печење од рерната, прелијте ја смесата со сос од биволи и фрлете ја да се премачка. Печете уште 10-15 минути или додека наутот не стане крцкав, а карфиолот не се испече по ваш вкус. Извадете од рерната.

d) Додадете натопени и исцедени индиски ореви во блендер или процесор за храна со голема моќност со 1/2 чаша вода, копар, лук во прав, кромид во прав, сол и бибер. Блендирајте додека не се изедначи.

e) Земете две чинии за салата и додајте 2 шолји сечкан Рома, 1/4 шолја целер и 1/8 чаша кромид во секој сад. Одозгора се ставаат печени биволски карфиол и наут. Посипете облекување и уживајте!

75.Мејсон тегла цвекло и бриселско зелје чинии со жито

СОСТОЈКИ

- 3 средно цвекло (околу 1 фунта)
- 1 лажица маслиново масло
- Кошер сол и свежо мелен црн пипер, по вкус
- 1 чаша фарро
- 4 шолји бебешки спанаќ или кељ
- 2 чаши бриселско зелје (околу 8 унци), тенко исечени
- 3 клементини, излупени и сегментирани
- $\frac{1}{2}$ чаша пекан, тост
- $\frac{1}{2}$ чаша семки од калинка

Мед-Дижон црвено винегрет од вино

- $\frac{1}{4}$ чаша екстра девствено маслиново масло
- 2 лажици црвен вински оцет
- $\frac{1}{2}$ лук, мелено
- 1 лажица мед
- 2 лажички сенф од цело зрно
- Кошер сол и свежо мелен црн пипер, по вкус

ПРАВЦИ

a) Загрејте ја рерната на 400 степени F. Обложете го листот за печење со фолија.

b) Ставете го цвеклото на фолија, намачкајте го со маслиново масло и зачинете со сол и бибер. Преклопете ги сите 4 страни од фолијата за да направите торбичка. Печете додека не омекне, 35 до 45 минути; нека се излади, околу 30 минути.

c) Користејќи чиста хартиена крпа, тријте ја цвеклото за да ги отстраните лушпите; се сече на коцки со големина на залак.

d) Гответе го фарото според упатствата на пакувањето, па оставете да се излади.

e) Поделете ја цвекло во 4 (32-унци) стаклени тегли со широка уста со капаци. Одозгора со спанаќ или келј, фарро, бриселско зелје, клементини, пекан и семки од калинка. Се чува покриено во фрижидер 3 или 4 дена.

f) ЗА ВИНЕГРЕТ: измматете ги маслиновото масло, оцетот, шелот, медот, сенфот и 1 лажица вода; зачинете со сол и бибер по вкус. Покријте и ставете го во фрижидер до 3 дена.

g) За сервирање, додајте го винегретот во секоја тегла и протресете. Послужете веднаш.

76. Мејсон тегла салата од брокула

СОСТОЈКИ

- 3 лажици 2% млеко
- 2 лажици мајонез од маслиново масло
- 2 лажици грчки јогурт
- 1 лажица шеќер, или повеќе по вкус
- 2 лажички јаболков оцет
- ½ шолја индиски ореви
- ¼ чаша сушени брусница
- ½ чаша црвен кромид исечкан на коцки
- 2 унци чедар сирење, исечено на коцки
- 5 чаши крупно сечкани цветчиња брокула

ПРАВЦИ

a) ЗА облекување: Во помал сад изматете ги млекото, мајонезот, јогуртот, шеќерот и оцетот.

b) Поделете го преливот во 4 (16-унци) стаклени тегли со широка уста со капаци. Одозгора ставете индиски ореви, брусница, кромид, сирење и брокула. Ставете го во фрижидер до 3 дена.

c) За сервирање, протресете ја содржината на тегла и послужете веднаш.

77. Мејсон тегла пилешка салата

СОСТОЈКИ

- 2 ½ чаши остаток од рендано пилешко роса
- ½ чаша грчки јогурт
- 2 лажици мајонез од маслиново масло
- ¼ чаша црвен кромид исечкан на коцки
- 1 стебленце целер, исечкан на коцки
- 1 лажица свежо исцеден сок од лимон, или повеќе по вкус
- 1 лажичка сецкан свеж тарагон
- ½ лажичка Дижон сенф
- ½ лажичка лук во прав
- Кошер сол и свежо мелен црн пипер, по вкус
- 4 чаши рендан кељ
- 2 јаболка Granny Smith, со јадро и сецкани
- ½ шолја индиски ореви
- ½ чаша сушени брусница

ПРАВЦИ

a) Во голем сад измешајте ги пилешкото, јогуртот, мајонезот, црвениот кромид, целерот, сокот од лимон, тарагонот, сенфот и лукот во прав; зачинете со сол и бибер по вкус.

b) Поделете ја пилешката смеса во 4 (24 унци) стаклени тегли со широка уста со капаци. Одозгора со кељ, јаболка, индиски ореви и брусница. Ставете го во фрижидер до 3 дена.

c) За сервирање, протресете ја содржината на тегла и послужете веднаш.

78. Мејсон тегла Кинеска пилешка салата

СОСТОЈКИ

- ½ чаша ориз вински оцет
- 2 чешниња лук, притиснати
- 1 лажица масло од сусам
- 1 лажица свежо рендан ѓумбир
- 2 лажички шеќер, или повеќе по вкус
- ½ лажичка соја сос со намален натриум
- 2 зелени главици кромид, тенко сецкани
- 1 лажичка семе од сусам
- 2 моркови, излупени и изрендани
- 2 чаши англиска краставица исечкана на коцки
- 2 чаши изрендана виолетова зелка
- 12 чаши сецкан кељ
- 1 ½ шолја преостанати коцки од роса пилешко
- 1 чаша вонтон ленти

ПРАВЦИ

a) ЗА ВИНЕГРЕТ: Изматете ги во помал сад оцетот, лукот, маслото од сусам, ѓумбирот, шеќерот и соја сосот. Поделете го преливот во 4 (32 унци) стаклени тегли со широка уста со капаци.

b) Одозгора ставете зелен кромид, сусам, моркови, краставица, зелка, кељ и пилешко. Ставете го во фрижидер до 3 дена. Чувајте ги вонтон лентите одделно.

c) За сервирање, протресете ја содржината на теглата и додадете ги лентите вонтон. Послужете веднаш.

79. Мејсон тегла Niçoise салата

СОСТОЈКИ

- 2 средни јајца
- 2 ½ чаши преполовени боранија
- 3 (7-унци) лименки албакор туна спакувана во вода, исцедена и исплакната
- ¼ чаша екстра девствено маслиново масло
- 2 лажици црвен вински оцет
- 2 лажици црвен кромид исечкан на коцки
- 2 лажици сечкани листови свеж магдонос
- 1 лажица сечкани свежи листови тарагон
- 1 ½ лажичка Дижон сенф
- Кошер сол и свежо мелен црн пипер, по вкус
- 1 шолја преполовени чери домати
- 4 чаши искината путер зелена салата
- 3 чаши листови рукола
- 12 маслинки од Каламата
- 1 лимон, исечен на коцки (по избор)

ПРАВЦИ

a) Ставете ги јајцата во големо тенџере и покријте ги со ладна вода за 1 инч. Оставете да зоврие и варете 1 минута. Покријте го тенџерето со цврсто прицврстен капак и тргнете го од оган; оставете да отстои 8 до 10 минути.

b) Во меѓувреме, во големо тенџере со зовриена солена вода, бланширајте ја боранијата до светло зелена боја, околу 2 минути. Исцедете го и изладете го во сад со ледена вода. Добро исцедете го. Исцедете ги јајцата и оставете ги да се изладат пред да ги излупите и пресечете јајцата на половина по должина.

c) Во голем сад измешајте ја туната, маслиновото масло, оцетот, кромидот, магдоносот, тарагонот и Дижон додека не се соединат; зачинете со сол и бибер по вкус.

d) Поделете ја смесата од туна во 4 (32 унци) стаклени тегли со широка уста со капаци. Одозгора ставете боранија, јајца, домати, путер зелена салата, рукола и маслинки. Ставете го во фрижидер до 3 дена.

e) За сервирање, протресете ја содржината на теглата. Послужете веднаш, по желба со парчиња лимон.

80. Зачинети чинии за туна

СОСТОЈКИ

- 1 чаша кафеав ориз со долго зрно
- 3 лажици мајонез од маслиново масло
- 3 лажици грчки јогурт
- 1 лажица сос од срирача, или повеќе по вкус
- 1 лажица сок од лимета
- 2 лажички соја сос со намален натриум
- 2 (5-унци) лименки албакор туна, исцедена и исплакната
- Кошер сол и свежо мелен црн пипер, по вкус
- 2 чаши рендан кељ
- 1 лажица тост сусам
- 2 лажички тост масло од сусам
- 1 ½ шолја исечена англиски краставица
- ½ чаша кисела ѓумбир
- 3 зелени главици кромид, тенко сецкани
- ½ чаша рендано печено нори

ПРАВЦИ

a) Гответе го оризот според упатствата на пакувањето во 2 чаши вода во средно тенџере; Стави на страна.

b) Во мал сад измателе ги мајонезот, јогуртот, срирача, сокот од лимета и соја сосот. Ставете 2 лажици од смесата со мајонез во втор сад, покријте го и ставете го во фрижидер. Измешајте ја туната во преостанатата смеса со мајонез и нежно фрлете ја да се соедини; зачинете со сол и бибер по вкус.

c) Во средна чинија измешајте ги кељот, сусамот и маслото од сусам; зачинете со сол и бибер по вкус.

d) Поделете го оризот во контејнери за подготовка на оброци. Одозгора со мешавина од туна, смеса од кељ, краставица, ѓумбир, зелен кромид и нори. Ставете го во фрижидер до 3 дена.

e) За сервирање, посипете со смесата од мајонез.

81. Коб салата од стек

Винегрет балсамико

- 3 лажици екстра девствено маслиново масло
- 4 ½ лажички балсамико оцет
- 1 чешне лук, притиснато
- 1 ½ лажичка сушени снегулки од магдонос
- ¼ лажичка сушен босилек
- ¼ лажичка суво оригано

Салата

- 4 средни јајца
- 1 лажица несолен путер
- стек од 12 унци
- 2 лажички маслиново масло
- Кошер сол и свежо мелен црн пипер, по вкус
- 8 чаши бебе спанаќ
- 2 чаши чери домати, преполовени
- ½ чаша половини пекан
- ½ чаша распарчено фета сирење со намалена маснотија

ПРАВЦИ

a) ЗА ВИНЕГРЕТ БАЛСАМИЧ: изматете ги во средна чинија маслиновото масло, балсамико оцетот, шеќерот, лукот, магдоносот, босилекот, ориганото и сенфот (ако користите). Покријте и ставете го во фрижидер до 3 дена.

b) Ставете ги јајцата во големо тенџере и покријте ги со ладна вода за 1 инч. Оставете да зоврие и варете 1 минута. Покријте го садот со цврсто прицврстен капак и отстранете го од топлина; оставете да отстои 8 до 10 минути. Добро исцедете го и оставете да се излади пред да го излупите и исечете.

c) Растопете го путерот во голема тава на средно-силен оган. Користејќи хартиени крпи, исушете ги двете страни на стекот. Посипете со маслиново масло и зачинете со сол и бибер. Додадете го стекот во тавата и варете, превртувајќи еднаш, додека не се зготви до посакуваната подготвеност, 3 до 4 минути по страна за средно ретко. Оставете да одмори 10 минути пред да исечете на парчиња со големина на залак.

d) За да ги соберете салатите, ставете спанаќ во контејнери за подготовка на оброци; одозгора со наредени редови стек, јајца, домати, пекан и фета. Покријте и ставете го во фрижидер до 3 дена. Послужете со винегрет балсамико или саканиот прелив.

82. Садови за негување на слатки компири

СОСТОЈКИ

- 2 средни слатки компири, излупени и исечени на парчиња од 1 инчи
- 3 лажици екстра девствено маслиново масло, поделени
- ½ лажичка чадена пиперка
- Кошер сол и свежо мелен црн пипер, по вкус
- 1 чаша фарро
- 1 китка лацинато кељ, рендано
- 1 лажица свежо исцеден сок од лимон
- 1 чаша рендана црвена зелка
- 1 шолја преполовени чери домати
- ¾ шолја крцкави гравчиња од гарбанзо
- 2 авокадо, преполовени, излупени и излупени

ПРАВЦИ

a) Загрејте ја рерната на 400 степени F. Обложете го листот за печење со хартија за печење.

b) Ставете ги слатките компири на подготвениот плех. Додадете 1 ½ лажица маслиново масло и пиперката, зачинете со сол и бибер и нежно измешајте да се соедини. Наредете во еден слој и печете 20 до 25 минути, вртејќи еднаш, додека лесно не се пробие со вилушка.

c) Гответе го фаррото според упатствата на пакувањето; Стави на страна.

d) Комбинирајте го кељот, сокот од лимон и преостанатите 1 ½ лажица маслиново масло во средна чинија. Масирајте го кељот добро да се соедини и зачинете со сол и бибер по вкус.

e) Поделете го фарро во контејнери за подготовка на оброци. Одозгора се ставаат слатки компири, зелка, домати и крцкави гарбанзои. Ставете го во фрижидер до 3 дена. Послужете со авокадото.

83. Тајландски чинии со пилешко Буда

СОСТОЈКИ

Зачинет сос од кикирики

- 3 лажици крем путер од кикирики
- 2 лажици свежо исцеден сок од лимета
- 1 лажица соја сос со намален натриум
- 2 лажички темно кафеав шеќер
- 2 лажички самбал оелек (мелена свежа чиле паста)

Салата

- 1 чаша фарро
- ¼ чаша пилешки супа
- 1 ½ лажица самбал оелек (мелена свежа чиле паста)
- 1 лажица светло-кафеав шеќер
- 1 лажица свежо исцеден сок од лимета
- 1 фунта пилешки гради без коски, без кожа, исечени на парчиња од 1 инчи
- 1 лажица пченкарен скроб
- 1 лажица сос од риба
- 1 лажица маслиново масло
- 2 чешниња лук, мелено
- 1 лук, мелено
- 1 лажица свежо рендан ѓумбир
- Кошер сол и свежо мелен црн пипер, по вкус
- 2 чаши рендан кељ
- 1 ½ шолја рендана виолетова зелка
- 1 чаша зеле грав
- 2 моркови, излупени и изрендани
- ½ чаша свежи листови од цилинтро
- ¼ чаша печени кикирики

ПРАВЦИ

a) ЗА СОСОТ ОД КИКИРИКИ: Изматете ги заедно путерот од кикирики, сокот од лимета, соја сосот, кафеавиот шеќер, самбалот оелек и 2 до 3 лажици вода во мала чинија. Покријте и ставете го во фрижидер до 3 дена.

b) Гответе го фаррото според упатствата на пакувањето; Стави на страна.

c) Додека фаррото се готви, во мал сад изматете ги густинот, самбалот оелек, кафеавиот шеќер и сокот од лимета; Стави на страна.

d) Во голема чинија, измешајте ги пилешкото, пченкарниот скроб и рибиниот сос, фрлете ги да се премачкаат и оставете го пилешкото да го впие пченкарниот скроб неколку минути.

e) Загрејте го маслиновото масло во голема тава на средна топлина. Додадете го пилешкото и варете додека не порумени, 3 до 5 минути. Додадете ги лукот, лукот и ѓумбирот и продолжете да готвите, често мешајќи, додека не се замириса, околу 2 минути. Промешајте ја смесата и варете додека малку не се згусне, околу 1 минута. Зачинете со сол и бибер по вкус.

f) Поделете го фарото во контејнери за подготовка на оброци. Одозгора ставете пилешко, кељ, зелка, зеле од грав, моркови, цилинтро и кикирики. Се чува покриено во фрижидер 3 до 4 дена. Послужете со зачинетиот сос од кикирики.

84. Тајландски облоги за пилешко од кикирики

СОСТОЈКИ

Кокос кари сос од кикиритки

- $\frac{1}{4}$ чаша лесно кокосово млеко
- 3 лажици крем путер од кикирики
- 1 $\frac{1}{2}$ лажица зачинет ориз вински оцет
- 1 лажица соја сос со намален натриум
- 2 лажички темно кафеав шеќер
- 1 лажичка чили сос од лук
- $\frac{1}{4}$ лажичка жолт кари во прав

Завиткајте

- 2 $\frac{1}{2}$ чаши преостанати коцки од роса пилешко
- 2 чаши рендана Напа зелка
- 1 шолја тенко исечена црвена бугарска пиперка
- 2 моркови, излупени и исечени на кибритчиња
- 1 $\frac{1}{2}$ лажица свежо исцеден сок од лимета
- 1 лажица мајонез од маслиново масло
- Кошер сол и свежо мелен црн пипер, по вкус
- 3 унци крем сирење со намалена маснотија, на собна температура
- 1 лажичка свежо рендан ѓумбир
- 4 (8-инчни) обвивки од тортиља од сушен домат

ПРАВЦИ

a) ЗА СОСОТ ОД КОКОСОВИ КИКИРИКИ: измешајте ги кокосовото млеко, путерот од кикирики, оризовиот вински оцет, соја сосот, кафеавиот шеќер, сосот од чили лук и кари во прав во мала чинија. Одвојте 3 супени лажици за пилешкото; Остатокот ставете го во фрижидер додека не го подготвите за послужување.

b) Во голема чинија, измешајте го пилешкото и 3 лажици сос од кикирики и мешајте додека не се премачкаат.

c) Во средна чинија измешајте ја зелката, бугарската пиперка, морковите, сокот од лимета и мајонезот; зачинете со сол и бибер по вкус.

d) Во мал сад измешајте ги крем сирењето и ѓумбирот; зачинете со сол и бибер по вкус.

e) Распоредете ја смесата со крем сирење рамномерно врз тортиљите, оставајќи раб од 1 инчи. Одозгора ставете го пилешкото и смесата со зелка. Преклопете ги страните за околу 1 инч, а потоа цврсто навивајте од дното. Се чува покриено во фрижидер 3 до 4 дена. Секоја обвивка послужете ја со сос од кикиритки од кокос кари.

85. Тркала од мисиркино спанаќ

СОСТОЈКИ

- 1 парче чедар сирење
- 2 унци тенко исечени мисиркини гради
- $\frac{1}{2}$ шолја бебе спанаќ
- 1 (8-инчна) тортиља спанаќ
- 6 бебешки моркови
- $\frac{1}{4}$ чаша грозје
- 5 парчиња краставица

ПРАВЦИ

a) Во центарот на тортиљата ставете ги сирењето, мисирка и спанаќот. Долниот раб на тортиљата цврсто ставете го врз спанаќот и свиткајте ги од страните. Свиткајте додека не се достигне врвот на тортиљата. Се сече на 6 тркала.

b) Ставете ги тркалца, моркови, грозје и парчиња краставица во контејнер за подготовка на оброк. Се чува покриено во фрижидер 2 до 3 дена.

86. Тако салата од Турција

СОСТОЈКИ

- 1 лажица маслиново масло
- 1 $\frac{1}{2}$ фунта мелена мисирка
- 1 (1,25 унца) пакување зачини за тако
- 8 чаши рендана ромска зелена салата
- $\frac{1}{2}$ чаша пико де гало (домашна или купена во продавница)
- $\frac{1}{2}$ чаша грчки јогурт
- $\frac{1}{2}$ чаша рендано мексиканско сирење
- 1 лимета, исечена на коцки

ПРАВЦИ

a) Загрејте го маслиновото масло во голема тава на средно-силен оган. Додадете ја мелената мисирка и варете додека не порумени, 3 до 5 минути, внимавајќи да се распарчи месото додека се готви; измешајте го зачинот за тако. Исцедете го вишокот маснотии.

b) Ставете ја ромската зелена салата во сендвич кеси. Ставете ги пико де гало, јогуртот и сирењето во посебни чаши Цел ИЛИ застреланод 2 унца со капаци. Ставете го сето тоа - мисиркино, ромски, пико де гало, јогурт, сирење и лимета - во контејнери за подготовка на оброци.

87. Многу зелена салата од мејсон тегла

СОСТОЈКИ

- $\frac{3}{4}$ чаша бисерен јачмен
- 1 чаша свежи листови босилек
- $\frac{3}{4}$ чаша 2% грчки јогурт
- 2 зелени кромидчиња, сецкани
- 1 $\frac{1}{2}$ лажица свежо исцеден сок од лимета
- 1 чешне лук, излупено
- Кошер сол и свежо мелен црн пипер, по вкус
- $\frac{1}{2}$ англиски краставица, крупно сечкана
- 1 фунта (4 мали) тиквички, спирализирани
- 4 чаши рендан кељ
- 1 чаша замрзнат зелен грашок, одмрзнат
- $\frac{1}{2}$ чаша распарчено фета сирење со намалена маснотија
- $\frac{1}{2}$ чаша пука грашок
- 1 лимета, исечена на коцки (по избор)

ПРАВЦИ

a) Гответе го јачменот според упатствата на пакувањето; оставете да се излади целосно и оставете го на страна.

b) За да го направите преливот, измешајте ги босилекот, јогуртот, зелениот кромид, сокот од лимета и лукот во садот на процесорот за храна и зачинете со сол и бибер. Пулсирајте додека не се изедначи, околу 30 секунди до 1 минута.

c) Поделете го преливот во 4 (32 унци) стаклени тегли со широка уста со капаци. Одозгора ставете краставица, тестенини од тиквички, јачмен, кељ, грашок, фета и грашок. Ставете го во фрижидер до 3 дена.

d) За сервирање, протресете ја содржината во тегла. Послужете веднаш, со клинови лимета, по желба.

88. Спринг рол чинии од тиквички

СОСТОЈКИ

- 3 лажици крем путер од кикирики
- 2 лажици свежо исцеден сок од лимета
- 1 лажица соја сос со намален натриум
- 2 лажички темно кафеав шеќер
- 2 лажички самбал оелек (мелена свежа чиле паста)
- 1 килограм средни ракчиња, излупени и излупени
- 4 средни тиквички, спирализирани
- 2 големи моркови, излупени и изрендани
- 2 чаши изрендана виолетова зелка
- ⅓ чаша свежи листови од цилинтро
- ⅓ чаша лисја од босилек
- ¼ чаша листови од нане
- ¼ чаша сецкани печени кикирики

ПРАВЦИ

a) ЗА СОСОТ ОД КИКИРИКИ: Изматете ги заедно путерот од кикирики, сокот од лимета, соја сосот, кафеавиот шеќер, самбалот оелек и 2 до 3 лажици вода во мала чинија. Ставете го во фрижидер до 3 дена, додека не го подготвите за послужување.

b) Во големо тенџере со зовриена солена вода, варете ги ракчињата до розево, околу 3 минути. Исцедете го и изладете го во сад со ледена вода. Добро исцедете го.

c) Поделете ги тиквичките во контејнери за подготовка на оброци. Врвот со ракчиња, моркови, зелка, цилинтро, босилек, нане и кикирики. Се чува покриено во фрижидер 3 до 4 дена. Послужете со зачинетиот сос од кикирики.

САЛАТИ

89. Зеленчук чили-вар

ПОРЦИИ:2
ВКУПНО ВРЕМЕ ЗА ПОДГОТОВКА:25 минути

СОСТОЈКИ:
- 1 парче ѓумбир
- 1 чешне лук
- 1 куп Бок Чои, исечен
- Никнува грав
- 1 морков, исечен на кибритчиња
- 1 лажичка бујон од зеленчук
- 5 млад кромид
- 1 пиперка, исечкана на коцки
- 1/2 тиквичка, исечкана на коцки
- 4 цветчиња брокула
- Грст грашок од шеќер
- Соба тестенини

Облекување:
- 1 црвено чили
- Голем грст коријандер
- Сок од 1 лимета

ПРАВЦИ:

a) Комбинирајте го чилито, листовите коријандер и сокот од лимета во толчник и малтер. Дозволете инфузија на страна.

b) Исечете ги и цветовите брокула на мали парчиња. Сакаме да го направиме оброкот тенко исечен за да се готви брзо.

c) Подгответе го густинот со 50 мл вода и ставете го да зоврие во тава. По една минута варење на пареа, додадете го другиот зеленчук и лукот и ѓумбирот.

d) По пржење на пареа три минути.

e) Послужете пилешко на кревет со тестенини од соба.

f) Послужете со прелив од чили-вар одозгора.

90. Тестенини со лимон со брокула и тиквички

ПОРЦИИ:2
ВКУПНО ВРЕМЕ ЗА ПОДГОТОВКА:10 минути

СОСТОЈКИ:

- 1 глава брокула
- Грст грашок
- 2 чешниња лук
- 2 порции Спелд тестенини, варени
- 1 тиквичка
- 1 лажичка кокосово масло
- 1 домат
- Истурете хималајска сол и црн пипер по вкус
- 1/2 црвен кромид
- Сок од 1 лимон
- 2 гроздови ракети
- Посипете маслиново масло

ПРАВЦИ:

a) Во кокосово масло пропржете ги брокулата, грашокот, лукот, црвениот кромид и тиквичката.

b) Фрлете ги тестенините заедно со сечканиот домат и ракетата и сокот од лимон.

91. Модар патлиџан, компир и леблебија

ПОРЦИИ:2
ВКУПНО ВРЕМЕ ЗА ПОДГОТОВКА:10 минути

СОСТОЈКИ:
- 1 кромид, излупен и ситно исечен
- 1 лажичка коријандер
- 1 модар патлиџан
- 1 компир
- 2 лажици кокосово масло
- 1/2 лажички ким
- 1 конзерва наут
- 1/4 лажички куркума
- Свеж коријандер

СОС:
- 1 кромид, излупен и ситно исечен
- 2 лажички ѓумбир, излупен и изрендан
- 6 цели каранфилче
- 450 гр домати од слива
- 1/4 лажички куркума
- 2 лажици кокосово масло
- 3 чешниња лук, мелени
- 1/2 лажички мелен коријандер
- 1/2 лажички мелен ким
- 1 1/2 лажичка сол
- 1 лажичка црвено чили во прав, по вкус

ПРАВЦИ:

a) Пропржете ги семките од кромид и ким 3 минути.

b) Додадете ги компирот, модриот патлиџан, наутот, мелениот коријандер, кимот и куркумата.

c) Гответе го кромидот, лукот, ѓумбирот и каранфилчето шеесет секунди, а потоа додадете ги сечканите домати, куркумата и другите зачини.

d) Сосовите изблендирајте ги со рачен блендер додека грубо не се изедначат. После тоа, додадете го зеленчукот, коријандерот, водата, солта и биберот по вкус.

e) Завршете со посипување свеж коријандер и послужете.

92. Кале и кремаст облекување

ПОРЦИИ:2
ВКУПНО ВРЕМЕ ЗА ПОДГОТОВКА:15 минути

СОСТОЈКИ:

- 1/3 чаша сусам
- 1 пиперка
- 1/3 чаша семки од сончоглед
- 1 црвен кромид
- 1 китка кељ
- 4 чаши црвена зелка, исечкана
- 1 парче корен ѓумбир
- Свеж коријандер
- 1 Послужување прелив од кашу

ПРАВЦИ:

а) Измешајте ги сите состојки заедно.

93. Брисел, морков и зелена боја

ПОРЦИИ:2
ВКУПНО ВРЕМЕ ЗА ПОДГОТОВКА:15 минути

СОСТОЈКИ:

- 1 брокула
- 2 моркови, ситно исечени
- 6 бриселско зелје
- 2 чешниња лук
- 1 лажичка семки од ким
- 1/2 лимон
- Излупете 1 лимон Маслиново масло

ПРАВЦИ:

a) Целиот зеленчук се динста на тивок оган 5-8 минути.

b) Пропржете го лукот со семки од ким, кора од лимон, 1/2 сок од лимон и маслиново масло.

c) Додадете ги морковот и бриселското зелје.

94. CPJ од брокула карфиол

ПОРЦИИ:2
ВКУПНО ВРЕМЕ ЗА ПОДГОТОВКА:20 минути

СОСТОЈКИ:

- 4 цветчиња брокула
- 4 цветчиња карфиол
- 1 пиперка
- Грст разновидни никулци
- 3 млад кромид
- 1 чешне лук, сецкани течни амини
- Див/кафеав ориз

ПРАВЦИ:

a) Гответе го оризот во супа од зеленчук без квасец.
b) На пареа пржете ги лукот и кромидот три минути.
c) Истурете ги останатите состојки и динстајте уште неколку минути.

95. Тестенини од аспарагус и тиквички

ПОРЦИИ:4
ВКУПНО ВРЕМЕ ЗА ПОДГОТОВКА:20 минути

СОСТОЈКИ:
- 4 домати, исечени на коцки
- 1 тиквичка
- 1/2 црвен кромид, исечкан на коцки
- 1 китка аспарагус, на пареа
- 200 грама ракета
- 12 листови босилек
- 2 чешниња лук
- 4 порции спелирани тестенини, варени
- Маслиново масло

ПРАВЦИ:
a) Комбинирајте го кромидот и доматите со грст ракета и аспарагус и оставете ги на страна.
b) Измешајте ги останатите состојки додека не се формира мазен, светло зелен сос.
c) Истурете ги тестенините со сосот, поделете ги во чинии, а одозгора ставете ги доматите, црвениот кромид, аспарагусот и ракетата.

96. Домати полнети со зеленчук

ПОРЦИИ:2
ВКУПНО ВРЕМЕ ЗА ПОДГОТОВКА:30 минути

СОСТОЈКИ:

- 1 лажица ладно цедено масло
- 2 домати
- Половина мал модар патлиџан
- 1 кромид
- 1/3 од тиква
- 1-2 чешниња лук
- Нотка морска сол и бибер
- 1 куп листови свеж спанаќ

ПРАВЦИ:

a) Загрејте ја рерната на 160 степени целзиусови (325 степени целзиусови).

b) Комбинирајте го зеленчукот со спанаќ, сол и бибер, а потоа прелијте го со масло.

c) После тоа, ставете ги доматите на врвот и извадете го центарот. Средното парче соедине те го со остатокот од смесата и добро измешајте.

d) Сега мора внимателно да ставите сè назад во доматите.

e) Ставете ги доматите во голема тава со околу 80 ml вода и покријте ги со капак откако ќе бидете сигурни дека нема ништо друго што би можело да се вклопи во нив.

f) Печете 18 минути.

97. Модар патлиџан Рататуј

ПОРЦИИ:4
ВКУПНО ВРЕМЕ ЗА ПОДГОТОВКА:30 минути

СОСТОЈКИ:

- 2 китки бебешки спанаќ
- 3 модри патлиџани, исечени
- 6 Црни маслинки без јали
- 3 тиквички, исечени
- 2 црвени пиперки
- 5 домати, исечени на коцки
- 3 лажички лисја од мајчина душица
- 2 чешниња лук
- Листови од босилек
- Семе од коријандер
- Истурете екстра девствено маслиново масло
- Истурете хималајска сол и црн пипер

ПРАВЦИ:

a) Извадете ги лушпите и исечете ги тиквичките и модрите патлиџани за да одговараат.

b) Во тава загрејте малку маслиново или кокосово масло и полека пропржете една лук лук.

c) Ставете го модриот патлиџан во цедалка и притиснете го со кујнски хартиени крпи за да се отстрани вишокот масло откако ќе го сварите одеднаш.

d) Загрејте повеќе масло, па додајте ја тиквичката и другиот лук.

e) Соединете ги останатите состојки во голема тава и загревајте 3 минути.

98. Печурки и спанаќ

ПОРЦИИ:2
ВКУПНО ВРЕМЕ ЗА ПОДГОТОВКА:15 минути
ВКУПНО ВРЕМЕ ЗА ГОТВЕЊЕ:15 минути

СОСТОЈКИ:

- 1 лажичка кокосово масло
- 5-6 печурки, исечени
- 2 лажици маслиново масло
- ½ црвен кромид, исечен
- 1 чешне лук, мелено
- ½ лажичка свежа кора од лимон, ситно изрендана
- ¼ чаша чери домати, исечени
- Нотка мелено морско оревче
- 3 чаши свеж спанаќ, сечкан
- ½ лажици свеж сок од лимон
- Стиснете сол
- Исцедете мелен црн пипер

ПРАВЦИ:

a) Загрејте го кокосовото масло и пржете ги печурките околу 4 минути.
b) Загрејте го маслиновото масло и варете го кромидот околу 3 минути.
c) Додадете го лукот, кората од лимон и доматите, солта и црниот пипер и варете околу 2-3 минути, лесно кршејќи ги доматите со шпатула.
d) Гответе околу 2-3 минути откако ќе го додадете спанаќот.
e) Измешајте ги печурките и сокот од лимон и тргнете го од оган.

99. Црн пипер Цитрусен спанаќ

ПОРЦИИ:4
ВКУПНО ВРЕМЕ ЗА ПОДГОТОВКА:10 минути
ВКУПНО ВРЕМЕ ЗА ГОТВЕЊЕ:7 минути

СОСТОЈКИ:

- 2 лажици маслиново масло (екстра девствено)
- 2 чешниња лук, мелени
- Сок од 1 портокал
- кора од 1 портокал
- 3 чаши свеж бебе спанаќ
- 1 лажичка морска сол
- $\frac{1}{8}$ лажичка црн пипер, свежо мелен

ПРАВЦИ:

a) Загрејте го маслиновото масло во тава на силен оган додека не почне да крчка.

b) Гответе, периодично мешајќи, 3 минути откако ќе ги додадете спанаќот и лукот.

c) Додадете сок од портокал, кора од портокал, сол и бибер.

d) Гответе со постојано мешање додека сокот не испари, околу 4 минути.

ЗАКЛУЧОК

Има толку многу вкусни регионални јадења низ Кореја и Америка, секоја од нив е почит на распродажбата на околната земја и море. Од зачинети тестенини и чорби со лепење на ребрата до солени свински стомак и многу банчан, ќе најдете чинии и чинии исполнети со ориз, зеленчук, морска храна и се што е ферментирана. Ако сте нови во корејско-американското готвење и барате место за почеток, ви ги препорачуваме овие рецепти. Некои се автентични, а други се инспирирани, но сите имаат едно нешто заедничко: општо прифатеното верување дека кога јадете добро, вие сте добро.

Milton Keynes UK
Ingram Content Group UK Ltd.
UKHW020750241123
433194UK00015B/961